Mozart als Motiv / Vitom
= Phantom wird
wieder lebendig
Vita / Phantom

Motiv — Tafeln ;
Motiv — "   ;
Vitom — Tafeln

Musik selbst !
Benette engl. Mozart - Pilger

2 Köpfe d. philosophischen "Teck
Benjamin / Buck - Morss

Fotos v. Gräser e.g.
Buch

- St Sebastian wach
st. S. Friedhof

[Turin] [ ] < Salz Mozart
1/1/14

o Molière Paris (Don Juan)
London

Edith Stein vormerk. in SB
schreiben

Salzburg
ein Festspiel

Claudia Pescatore

VERLAG ANTON PUSTET

0	Garten	Mirabellgarten	S.12
1	Hotel	Hotel Bristol	S.30
2	Friedhof	Sebastiansfriedhof	S.48
3	Platz	Max-Reinhardt-Platz	S.70
4	Gotteshaus	Franziskanerkirche	S.90
5	Museum	Museum der Moderne	S.110

Zitate und Anmerkungen

Literaturnachweise

Anleitung zu einem Fest und einem Spiel – lesend, schreibend, im Gehen, Sitzen oder Liegen

Es braucht nichts weiter, als beim Lesen und Flanieren in einen Zustand der Offenheit zu geraten. Dieses Buch ist kein klassischer Stadtführer. Die angesteuerten Salzburger Orte wachsen eher in die Tiefe und spannen von dort aus ihr ungewohntes Panorama auf.

Der Parcours umfasst sechs Stationen, die sechs öffentliche Orte (je)der Stadt kennzeichnen: den Garten, das Hotel, den Friedhof, den Platz, das Gotteshaus und das Museum. Alle Personen, Fakten, Zitate, Kunstwerke und geschichtlichen Ereignisse, die im Text vorkommen, sind nachprüfbar, aber durch die Art der Collage auch imaginär, frei nach dem Motto: Immer Lauern und Warten bis das Ensemble stimmt. Dann beginnen.

> *Man kann das Buch auf verschiedene Arten lesen:*
> *von vorne bis hinten*
> *nach eigenem Gusto, wild*
> *den Verweisen und Vorschlägen folgend*
> *an besagten Orten*
> *daheim oder im Café*
> *alle Varianten mischend*

Sie werden immer wieder auf leere Seiten stoßen. Machen Sie damit, was Sie wollen. Das Buch ist auch dazu da, hineinzuschreiben, anzustreichen, durchzustreichen, zu fantasieren, zu assoziieren, zu zeichnen.

Die Begegnung mit Annette Rollny und Bernhard Müller von fokus design, die der Künstler rasso rottenfusser freundschaftlich vermittelte, war für die Buchgestaltung ein Glücksfall. Bernhard Müller legt mit seinen Fotografien eine zweite Spur auf der Schwelle zwischen Imaginärem und Konkretem und tritt in eine Art freie Osmose mit den Geschichten. Annette Rollny nimmt die Sprünge und Volten des Textes in ihrem Design schwungvoll auf und gibt der Leserin und dem Leser spielerisches Geleit beim Umgang mit den Kapiteln. Ich möchte ihnen ein großes Danke sagen für die beglückende Zusammenarbeit!

Als der Text fast fertig war, bin ich irgendwann mitten in der Nacht mit dem Satz aufgewacht: „Dieses Fest, das jeder Einzelne ist, trotz allem …"
Eine Art Quintessenz. So können wir beginnen.

Zitate sind durch Anführungsstriche gekennzeichnet und im Zitate- und Anmerkungsverzeichnis unter der entsprechenden Seitenangabe zu finden. Der betreffende Satz oder Abschnitt ist jeweils mit den ersten und den letzten Worten und drei Punkten dazwischen angeführt. Klingt komplizierter als es ist, schlagen Sie einfach nach, der Text liest sich ohne Fußnoten sehr viel angenehmer.

MIRABELL

① Mirabellgarten

MÜLLNER STEG

MÜLLNER HAUPTSTRASSE

KAI PROMENADE

SALZACH

SCHWARZ STR.

SCHWARZSTRASSE

ELISABETH KAI

URSULINENTL.

MÖNCHSBERG

GSTÄTTENGASSE

MUSEUMSPL.

FRANZ-JOSEF KAI

MARKO FEINGOLDSTEG

HUMMEL STR.

SAL

5 Museum der Moderne

F. HANUSCH PL.

MÜNZGASSE

GRIESGASSE

BÜRGERSPITALGASSE

GETREIDEGASSE

MÖNCHSBERG

H.V.K.PLTZ

HOFSTALLGASSE

UNIVERS. PLA

3 Max-Reinhardt-Platz

SIEGMUNDSTOR

WIENER

TOSCANINI HOF

Salzburg ein Festspiel

2 Sebastians-Friedhof

4 Franziskaner-kirche

KAPUZINERBERG

Paris London Strasse
F. Joseph Strasse
Schallmoser Hauptstr.
C. Reinbacher P.
Glockengasse
Drei...
Bergstr.
Bristol
Priesterhausgasse
Linzergasse
Fachtigkeitsgasse
Lederergasse
König...
Platzl
Steingasse
Staatsbrücke
Gisela Kai
Im Bergstrasse
Gisela Kai
Salzach
Rudolfskai
Mozartsteg
Salzach
Judengasse
...Hafnergasse
Churfürstr.
Alter Markt
Brodgasse
Goldgasse
Waagplatz
Mozartplatz
Residenzplatz
Basteigasse
Seb. Sattlergasse
...ziskanergasse
Domplatz
WC
Kapitelplatz

Statt einer Einleitung
Mirabell! Le jardin!

Vor uns öffnet sich ein Garten, den alle kennen, die schon einmal in Salzburg waren. Von der Stadt das ganze Jahr über aufwändig gepflegt, ist er im digitalen Bildgedächtnis unzähliger Touristinnen und Touristen aus aller Welt gespeichert. Indes, wie sich gleich zeigen wird, ist er doch nicht ganz von dieser Welt.

Schon der heutige Name *Mirabell*, der das Schloss und den Garten gleichermaßen bezeichnet und frei übersetzt „das schöne Wunder" heißt, lässt ahnen, dass dieser Schlossgarten, der Schaulustige so magisch anzieht, seinen Zauber nicht allein aus seiner wohlproportionierten Pracht bezieht. Vielmehr gibt es eine Art Gründungsmythos dieser Anlage, der uns mit seinem „Glanz der Übertretung" mehrere Jahrhunderte später immer noch atmosphärisch fasziniert.

Als Schloss Mirabell 1606 erbaut wurde, lag es vor den Toren der Stadt und trug noch einen anderen Namen. Der damalige Fürsterzbischof Wolf Dietrich von Raitenau hatte es für seine Geliebte und langjährige Lebensgefährtin Salome Alt errichten lassen und nannte es liebevoll Schloss Altenau. Nachdem ihm als katholischem Würdenträger die Ehe verwehrt war, versuchte er zumindest mit dieser Verschränkung ihrer beider Namen das Zeichen eines vergleichbaren Bundes zu setzen.

Sein hohes Amt und seine exzessive Baulust hinderten Wolf Dietrich nicht daran, viel Zeit bei Salome und den 15 gemeinsamen Kindern im Schloss zu verbringen. Ihr neues Zuhause, das er damals im Stil einer römischen Landvilla errichten ließ, war für die Familie eine Art Refugium und Gegenraum – ein fliegender Teppich, auf dem die gleichzeitig unerlaubte und öffentliche „wilde Ehe" der Eltern abheben konnte. Ein Regelverstoß, der damals selbst in der munteren hohen Geistlichkeit vermutlich selten war. Umso mehr fasziniert uns heute diese Liebesgeschichte, deren offizielles Verbot gleichzeitig wohl auch dafür sorgte, dass diese Übertretung desto leidenschaftlicher verteidigt wurde. Die Reformation war zu Wolf Dietrichs Zeit Anfang des 17. Jahrhunderts in vollem Gange und es könnte gut sein, dass er trotz seiner gegenreformatorischen Gesinnung insgeheim darauf hoffte, die Abschaffung des Zölibats würde sich auch bald auf den katholischen Klerus ausdehnen. Auf alle Fälle war es sein Schicksal, vielleicht auch sein Glück, dass es anders kam.

Schloss Mirabell alias Schloss Altenau gewährte also einerseits die Überschreitung, wahrte andererseits aber auch den gesellschaftlichen Schein. Außerhalb der Stadt gelegen, wie alles, was für das Stadtpublikum zu schlüpfrig, zu schmutzig oder zu fremd war, erfüllte Schloss Altenau dennoch alle Erwartungen an ein repräsentatives Refugium und ermöglichte Salome Alt die Teilnahme am gesellschaftlichen Leben ihres Gefährten im geschützten Gehäuse.

Salome und Wolf Dietrich behaupteten ihre un-mögliche Liebe bis zum Schluss. Bis zu Wolf Dietrichs Tod 1617 setzten

weitere Gehäuse des Paars, S. 52ff

sie sich über das klerikale Verbot ihrer Beziehung hinweg – ein Verbot, das sie in der gemeinsamen Übertretung zusammenschweißte und das ihre Liebe zeitlebens wie ein Schutzheiliger beschirmte. Als Wolf Dietrich ab 1611 von seinen Gegnern zunächst in der Festung Hohenwerfen festgesetzt wurde, ritzte er in die Wand seiner Fürstenzelle „*Lieb ist Laydes Anfangkh – über kurz oder langkh*".

Das erinnert an Rilkes *Duineser Elegien* fast genau dreihundert Jahre später, in denen es heißt:

> *„Denn das Schöne ist nichts als des Schrecklichen Anfang, den wir noch grade ertragen, und wir bewundern es so, weil es gelassen verschmäht, uns zu zerstören."*

Wir beginnen unseren Spaziergang also an einem Punkt, an dem schon viel Schönes und Schreckliches, Wunderbares und Profanes, Verwobenes und Widersprüchliches geschehen ist. Der Ort selbst schillert mehrdeutig. Er ist Schloss und Garten, Stein und Gewächs, Permanenz und Wandel, Kultur und Natur. Versuchen wir diese Kontraste und Widersprüche einfach stehen zu lassen und heißen wir die Stadt in ihrer Vielfalt und zuweilen Unvereinbarkeit als Gegenüber unserer eigenen Ungereimtheiten willkommen. Vielleicht ließe sich der eingeritzte Text Wolf Dietrichs dann sogar umkehren und hieße für diesmal: „*Layd ist Liebes Anfangkh – über kurz oder langkh.*"

Wenn wir in dieser Stadt etwas erleben wollen und eintauchen ins Historische, um darin die reizvollen Bezüge zu entdecken, dann können wir uns nicht an ihrem gewohnten Bild vom einheitlichen Barockensemble, am Weltkulturerbe und am Mozartmythos festhalten. Ganz im Gegenteil. Derart in einen Guss gedrängt, erdrückt uns Salzburgs geschlossene Schönheit wie ein juwelenschweres Reliquiar, oder sie liegt uns als überdimensionierte Mozartkugel bleischwer im Magen. Wir wollen uns die Stadt lieber neugierig und mit viel Finderglück erzählen und im Bekannten neue Konstellationen schaffen.

Die Salzburger Sehenswürdigkeiten sollen aber auch nicht umgangen werden! Wir verweilen an ihnen so lange, bis sie uns die Lücke zeigen, durch die wir unter ihre Oberfläche schlüpfen können. Aus hinlänglich bekannten Orten werden unter dieser Blickverschiebung Gegenorte, die uns eine Vielzahl von Spielmöglichkeiten zur Verfügung stellen, unter deren Oberfläche es geradezu festlich wird. Hier biegen sich die Tische unter zahllosen Geschichten, Assoziationen, Zufällen, Querverbindungen und Kreuzungen von Lebenslinien. Dieses wilde Geflecht an Zusammenhängen stellt die sogenannten Sehenswürdigkeiten zuweilen lustvoll weit außerhalb ihrer Bestimmung.

Der französische Philosoph Michel Foucault nennt solche unterirdischen Gegenräume „Heterotopien". Das sind Orte, die nicht vollständig zu dieser Welt gehören, sondern gleichzeitig auch zu einer offeneren Ordnung des Daseins. Der Garten ist ein solcher Ort – voll der Muße, der Fantasie und der verschwenderischen Schönheit.

„Bedenkt man nun", so schreibt Foucault, *„dass die Orientteppiche ursprünglich Abbildungen von Gärten waren – also buchstäblich ‚Wintergärten', wird auch die Bedeutung der legendären fliegenden Teppiche verständlich, der Teppiche, die durch die Welt flogen. Der Garten ist ein Teppich, auf dem die ganze Welt zu symbolischer Vollkommenheit gelangt, und zugleich ist er ein Garten, der sich durch den Raum bewegen kann."*

Vermutlich ist jeder Ort, den wir zutiefst als schön empfinden, auf die eine oder andere Art ein fliegender Garten. Nun ist es, scheint mir, aber auch so, dass die sogenannten Sehenswürdigkeiten weniger Menschen in ihren Bann ziehen würden, wenn sie nicht immer auch Orte wären, die neben ihrer „offiziellen" Bedeutung auch ein weitläufiges Gelände zur Verfügung stellten, das unser Bedürfnis nach Spiel, Flug und Geheimnis, unsere Lust am Fabulieren und Beutemachen erfüllt. Genau das aber wollen wir auf diesem Spaziergang entdecken.

Lassen Sie uns mitten im Mirabellgarten beginnen: auf der Bank unterhalb der Galerie Thaddaeus Ropac, die den Blick freigibt auf den Mönchsberg und dort auf das Museum der Moderne mit der großen Arbeit von Lawrence Weiner quer über der Fassade. INSIDE OF & OUTSIDE OF ITSELF ist dort in großen Lettern zu lesen. Wenn man vor Ort genau hinsieht, entdeckt man, dass das einzige Zeichen, das in einem Guss auf den fünf parallelen „Notenlinien" platziert ist, das „&" ist. Alle anderen Buchstaben sind aus mehreren Teilen zusammengesetzt. Diese Mehrteiligkeit, besser Mehrstimmigkeit,

Detailansicht auf S. 128

21 Mirabellgarten

23 Mirabellgarten

als Kennzeichen von inneren und äußeren Raumerfahrungen im Verhältnis zu sich selbst, sendet seine Arbeit seit 2006 über die Stadt. Für die gegenwärtige Stadterkundung könnte das unverbrüchliche „&" das entscheidende Zeichen für die Freilegung einer dieser großzügigen Orte sein, der weder reine Utopie noch ganz real ist, sondern zugleich utopisch und real. Ein solcher Ort ist offen für Vielstimmigkeit und lässt sich von jeder Besucherin und jedem Besucher neu besetzen, bespielen und aufladen.

Die Orte, die wir ansteuern werden, sind solche Doppelräume. Sie sind historisch gewachsene Schlüsselräume innerhalb der Salzburger Stadtkultur, aber auch Möglichkeitsstrukturen außerhalb der Tradition. Wenn wir beide mit unserem Wissen, unseren Assoziationen und Wahrnehmungen verweben, entsteht ein spielerischer Freiraum, der Stadtkultur individuell weiterschreibt. *INSIDE OF & OUTSIDE OF ITSELF* führt an dieser Stelle bereits Weiners durchaus politisch gemeintes Konzept „simultaner Wirklichkeiten" ein, die für ihn „der einzige Weg zu einer nicht-hierarchischen Gesellschaft sind".

[handschriftlich am Rand: dick / dünn / groß / klein / ...Gurken / S. 76]

Mit diesem Motto im Herzen machen wir jetzt einen kleinen Bogen zum Ausgang Richtung Makartplatz. Ich möchte Ihren Blick, bevor wir den Mirabellgarten verlassen, kurz auf die Leuchtbuchstaben am Dach des Hotel Bristol lenken. Man sieht sie hier von hinten. Liest man die Schrift spiegelverkehrt, ergeben sich neue Sinnstrukturen. Konzentrieren wir uns dabei auf „letoH" und stellen die Buchstaben geringfügig um, taucht ein Anagramm auf, das an der nächsten Station gleich ums Eck eine Rolle spielen wird.

Vermutlich ist jeder Ort, den wir zutiefst als schön empfinden, auf die eine oder andere Art ein fliegender Garten.

Bei Engnich öhne Dieter.
<u>Keine</u> Gklänge.

Fassburg — Mekka/Medina / Pilgrim
                    oooh — Giken

[ ] Kolojichvly   [ ] unvollendet, Exil
AE IOU (Uhr Uhr)   Nachfolge u. Thm
                   Trauflhang (Schen
                            Geist

                   Ro-hammed
-INF   Ro-Zart

        wild 2050
        Sender 2cst

                   Projekt Festhungle
                   Regie hex-Michael
                   Text Schiller
                   Bilr Rupet (ihm)
                   Politik (Hebl)

false Mozart
AEIOU als Kryftzuhen + Pilger ort

Mozart wie Mohammed Prophet

nicht weltlich, sondern muikalishe
     oder
     geistlich   Wallpabt

zum Zugehehen dieses Werr-
                        noch
+ sowohl als auch

(Bejamin: Von y Seiten auf
Uhr zugehen)

29 Mirabellgarten

Hotel Bristol

UNIVERSITÄT MOZARTEUM

1

HOTEL BRISTOL

JARDIN Caldera

MAKARTPLATZ MAKARTPLATZ
MAKARTPLATZ MAKARTPLATZ MAKARTPLATZ

DREIFALTIGKEITS GASSE
BERGSTRASSE
PRIESTERHAUSGASSE
DREIFALTIGKEITSKIRCHE
PRIESTERHAUSGASSE
DREIFALTIGKEITSGASSE
RICHARD MEYR GASSE

MOZARTS WOHNHAUS

JARDIN

THEATERGASSE
THEATER
KÖNIGSGASSE
LEDERERGASSE LEDERERG.
DREIFALTIGKEITSGASSE
LINZERGASSE

SCHWARZSTRASSE SCHWARZSTRASSE

ELISABETHKAI
ELISABETHKAI
UFERGRÜN UFERGRÜN

PLATZL

31   Hotel Bristol

Hätten wir uns dem Hotel Bristol nicht von seiner Rückseite her genähert, so wäre uns womöglich etwas Wesentliches entgangen: die buchstäbliche Nähe zwischen dem Wort „Hotel" und – stellen wir die Buchstaben ein wenig um – Letho, der Göttin des Vergessens. Letho ist die Herrin des mächtigen Unterweltflusses Lethe, der das Reich der Lebenden von dem der Toten trennt und in dem sowohl die einen als auch die anderen ihre Erlebnisse auf der jeweils anderen Seite des Flusses vergessen. Gilt sie auch deshalb als die Sanfteste und Mitfühlendste unter den griechischen Göttinnen?

Wie Letho markiert das Hotel selbst einen Grenzraum zwischen verschiedenen Welten: zwischen dem privaten Zuhause und einem öffentlichen Aufenthaltsort. Es ist beides. Und keines von beiden. Das Hotel ist ein anonymes Zuhause, in dem der private Gebrauch der Dinge Tag für Tag von neuen Gästen überschrieben wird, in dem der Einzelne sich selbst vergessen kann, weil ihn nichts an die Eigenheiten seiner gewohnten Umgebung erinnert. Gleichzeitig ist es eine Schicksalsgemeinschaft von Fremden, die sich täglich ändert. In ihr stellt sich eine Art private Öffentlichkeit mit anderen her, mit denen man vor allem durch ein paar Nächte des gemeinsamen Schlafs im Schoß der Letho verbunden ist.

Auch Salzburg wird von einem Fluss in zwei Stadthälften geteilt. Wir sehen die Salzach von hier aus nicht, aber wir wissen, sie ist nur ein paar Schritte entfernt. Hat auch sie eine verborgene Verbindung zum Fluss der Letho?

Der alte keltische Name für die Salzach war *Igonta*. Weit vor den Römern schon besiedelten die Kelten die hiesige Region. Viele ihrer Ortsnamen haben sich erhalten – Anif, Gnigl, Rauris –, von anderen wissen wir aus alten Schriften. Die ältesten Dokumente, die den Namen *Igonta* bezeugen, stammen aus dem 8. Jahrhundert. Im Keltischen beispielsweise steht das *ig* für „Eis" und es benennt den eiskalten Fluss, wie er sich aus dem Gebirge ins Tal ergießt. *Igonta* könnte uns aber auch auf andere Ideen bringen. Zunächst erinnert es vielleicht von Ferne und angeregt von Letho und ihrem Strom des Vergessens an *ignorare*, lateinisch für „ignorieren", „unbeachtet lassen". Wenn man auf diese Spur gesetzt wieder eine kleine Veränderung in der Reihenfolge der Buchstaben vornimmt und die Version „Ignota" probiert, käme man selbst bei der oberflächlichsten Recherche auf *Lingua ignota*, lateinisch für „unbekannte Sprache" und auf die berühmte Äbtissin Hildegard von Bingen, die eine solche Geheimsprache im 12. Jahrhundert erfand und in ihren Aufzeichnungen mit lateinischen Übersetzungen versah. Nur deshalb wissen wir, dass *Aigonz* „Gott" bedeutet, *Aieganz* dagegen „Engel". Der „Heilige" ist ein *Zuuenz*, der „Heiland" der *Liuionz*, den „Teufel" nennt Hildegard *Dueliz*. Auch *loifolum* für „Völker", *crizanta* für „gesalbt" oder *chorzta* für „glänzend" sind Wörter von geheimnisvollem Wohlklang. Über tausend dieser geheimen Wörter sind in Hildegards *Lingua ignota* überliefert.

Aigonz

Namen schreiben →

Hildegard trat bereits als Kind ins Kloster ein und lebte die ersten vierzig Jahre ihres Lebens in strenger Klausur. Nach wiederholten Visionen und Eingebungen wurde sie zweiundvierzigjährig zur Seherin und Prophetin berufen und gründete fast zeitgleich ein eigenes Kloster. Dort verwirklichte sie als Äbtissin zusammen mit den anderen Schwestern ein frühfeministisches und für die damalige Zeit kühnes Gemeinschaftsideal,

> *„in welchem der eigenständige Wert des Frauseins dem des Mannseins entgegengesetzt ist, und dies sowohl auf der symbolischen wie auf der Realitätsebene".*

In dem ihr wesenhaften poetischen Stil beschreibt sie auch die Fraglosigkeit ihres eigenen spirituellen Weges:

> *„Dem König aber gefiel es, eine kleine Feder zu berühren, daß sie in Wundern emporfliege. Und ein starker Wind trug sie, damit sie nicht sinke."*

Diese ganze Geschichte wäre hier an den Haaren herbeigezogen und nicht erwähnenswert, wenn Hildegards Klostergründung 1150 nicht ausgerechnet auf dem Rupertsberg in Bingen stattgefunden hätte und zwar zu einer Zeit, als Rupert aus Worms und seine Nichte Erentrudis längst in Salzburg von sich Reden gemacht hatten, der eine als Gründer des Erzbistums Salzburg, die andere als Vorsteherin des ersten Nonnenklosters nördlich der Alpen auf dem Nonnberg Anfang des 8. Jahrhunderts.

Die keltische *Igonta*, die *Lingua ignota* der Hildegard und der Namensverweis ihrer Klostergründung auf den hl. Rupert rahmen hier also das historische Gelände zwischen der keltisch-römischen Zeit und dem Hochmittelalter, zwischen den christlichen Anfängen und der vorreformatorischen Zeit, als die Kirchenspaltung in Europa noch hätte verhindert werden können, wenn vorausschauende Stimmen wie die der großen Nonne vom Rupertsberg mehr Gehör gefunden hätten.

Als Rupert und Erentrudis als Mitglieder des fränkischen Hochadels von Worms nach Salzburg kamen, stand man in weiten Teilen des Alpenraums erst am Anfang der christlichen Mission und es war Rupert, der den Bayernherzog Teodo zum Christentum bekehrte und schließlich auch taufte. Rupert gilt neben dem hl. Virgil als einer der zwei Gründungsheiligen der Stadt Salzburg und wird auf den meisten Darstellungen mit einem Salzfass gezeigt, das sowohl den weltlichen Reichtum durch das weiße Gold als auch den spirituellen Reichtum der Stadt („Ihr seid das Salz der Erde") symbolisiert.

Sprache als geheimer Gatten,
als fliegender Teppich & Wunder- und Gegenort S.21

Ruperts Nichte Erentrudis wurde später ebenfalls heiliggesprochen. Von ihr wissen wir wenig, was aber umso mehr dazu ermuntert, leichtfüßig und sprunghaft eine Brücke über die keltische Salzach zu schlagen und die unterirdischen Verbindungen aufzuspüren zwischen der Äbtissin Erentrudis auf dem Salzburger Nonnberg und der späteren Äbtissin Hildegard auf dem Rupertsberg bei Bingen, deren beider Geburtsorte Worms und Bermersheim in Rheinhessen nur knappe elf Kilometer auseinanderliegen.

Warum Hildegard ihre *Lingua ignota* erfunden hat, woher sie die Worte ihrer geheimen Sprache bezog, liegt im Dunklen. Der Dichter Stefan George, ebenfalls ein Kind der Stadt Bingen, schreibt über sie:

> *„Das ist bei uns so in Bingen. Da ist ein unterirdischer Herd. Sie wäre zu anderen Zeiten eine Dichterin geworden."*

Vielleicht meinte George aber auch gar nicht so sehr „unterirdisch", als er das Herkommen der unbekannten Dichter- und Mystikerinnensprachen lokalisierte, sondern vielmehr „unirdisch", im Sinn von „nicht von dieser Welt". Zu Hildegard und ihrer *Lingua ignota* passt unirdisch auf alle Fälle besser und es wäre auch nicht das einzige Mal, dass diese kleine Sinnverschiebung zwischen „unter" und „un" Geschichte gemacht hätte.

Am 27. April 1908 fand in Salzburg der Erste Internationale Kongress für Psychoanalyse im Hotel Bristol statt, zu dem damals unter dem Titel „1. Congreß für Freud'sche Psychologie" Pioniere aus ganz Europa eingeladen wurden. Sigmund Freud war es gewesen, der die verborgenen Anteile unserer Psyche weniger im grundsätzlich zugänglichen, aufdeckbaren Unterbewusstsein verortete, von wo aus sie als verdeckte Bewusstseinsanteile lediglich in die Sichtbarkeit gehoben werden müssten. Ihn interessierten jene unbewussten Bereiche der menschlichen Psyche, die mit den dunkel begehrenden Anteilen im menschlichen Wesen zu tun haben. Diese verborgenen Antriebe lassen sich nicht direkt ausdrücken und aufdecken, für sie finden wir ständig neue Übersetzungen, deren Erforschung Freud zukunftsweisend angestoßen hat. Er hatte das Unbewusste entdeckt und damit eine bis dato neue und unbekannte Sprache der menschlichen Psyche, deren Entschlüsselung er zu seinem Lebensthema machte. Bis heute inspiriert er Psychoanalytikerinnen, Künstler, Philosophinnen und andere Fragende mit seiner Entdeckung, dass es ein unbewusstes und permanentes Strömen in uns gibt, eine unbewusste, dadurch unbekannte Sprache unseres Begehrens, der eher über Träume, über Versprecher, im Beiläufigen oder in spontanen Gesten auf die Spur zu kommen ist.

„Das Unbewusste entlässt uns nie",

sagt sinngemäß Jaques Lacan, der Freud in Frankreich beerbt hat. Das Unbewusste ist wie eine zweite Spur, die neben unserer bewussten, quasi öffentlichen Existenz verläuft und die uns mit den Bereichen unseres Daseins verbindet, die sich der Rationalisierung und der Verallgemeinerung, dem Konformismus und der Integrierbarkeit entziehen.

1939, im Jahr von Freuds Tod, wird ein Buch veröffentlicht, das Ernst machte mit dessen bahnbrechender Entdeckung und das dem Unbewussten in einer Sprache Tribut zollt, die dunkel und traumhaft, assoziativ und sprunghaft ist und darin selbst einer „Lingua ignota" gleichkommt: *Finnegans Wake* von James Joyce.

Für Joyce war Freud zu sehr Wissenschaftler, als dass er zu seinen Bewunderern hätte gehören können. Joyce aber las Freud gründlich und schon im *Ulysses*, mehr aber noch in *Finnegans Wake* kann man dem Unbewussten buchstäblich bei der Arbeit zusehen. Joyce führt vor, wie der Schriftsteller eher von der Sprache geschrieben wird, als sie selbst zu schreiben. In *Finnegans Wake* ist alles assoziativ, collagenartig, sprunghaft, hochkomplex. Um überhaupt etwas von dieser Joyce'schen „Lingua ignota" zu verstehen, gibt es einen Schlüssel für das Werk, den sogenannten *Skeleton Key*, der dem Interessierten auf die Sprünge hilft. Ein Rest-Enigma bleibt allerdings bestehen. Es wird von den Spuren verborgen, die Joyce in seinem Text legt. Auch vor ihm selbst.

Arno Schmidt verortet den Großteil des Romans 1909 in Triest, ein Jahr nach Freuds Kongress im Hotel Bristol. Die restlichen zehn Prozent sollen laut Schmidt um Ereignisse kreisen, die sich 1928 in Salzburg zugetragen haben, als sich Joyce mit seiner Familie für vier Wochen hier aufhielt und mit seinem Bruder und dessen Ehefrau zusammentraf. 1927, noch ein Jahr früher, schrieb Freud seinen berühmten Artikel *Der Witz und seine Beziehung zum Unbewussten*, in dem er vieles vorwegnimmt, was man später bei Joyce nachvollziehen

kann. „I can psoakoonaloos myself anytime I want to", heißt es an einer Stelle und Joyce führt genau dies im *Finnegan* vor. Die Lesenden werden umhüllt von einer Traum- und Nachtsprache, die zwischen Zeiten und Orten springt, die mehrere Ebenen gleichzeitig bespielt und die assoziativ dahinströmt, ohne sich fassen oder festnageln zu lassen. Ebenso wenig wie die Hauptfiguren des Romans.

Die männliche Hauptfigur heißt immer mal wieder Humphrey Chimpden Earwicker (HCE). Aber wie alle anderen Bezüge im Roman verschieben sich auch die Namen ständig, nur ihre Initialen, die immer neue Bedeutungen bekommen, sind ein Anhaltspunkt. Interessant für Salzburg ist vor allem eine Bedeutung von HCE:

„*Here comes everybody*".

Jedermann. Bereits in *Ulysses* hat Joyce seinen Protagonisten „Jedermann" genannt und er führt dies im *Finnegan* weiter. *Jedermann*, diese Ur-Figur der Salzburger Festspiele, hat ihre Wurzeln im mittelenglischen allegorischen Drama von John Scot, das 1520 veröffentlicht wurde – *Everyman*. Hugo von Hofmannsthal bezieht sich in seinem *Jedermann* auf diese Quelle, genauso wie James Joyce, den der Scot'sche *Everyman* bei einer Aufführung, die er mit seinem Bruder in Irland besuchte, so beeindruckt hat, dass er Jedermann in seinen Romanen zu einer maßgeblichen Figur gemacht hat. Die Botschaft: Wir alle sind Jedermann und Jedefrau, die ihr Leben leben, ihr Leben vertun, die bereuen, denen verziehen wird.

Wir alle sind

Jedermann und

Jedefrau, die

ihr Leben leben,

ihr Leben vertun,

die bereuen,

denen verziehen wird.

Here Comes Everyman's große Gegenfigur in *Finnegans Wake* ist Anna Livia Plurabelle. Livia steht unter anderem für den Fluss Liffey, der durch Dublin fließt und auch dieses in zwei Hälften teilt. Als ein strömendes weibliches Prinzip verkörpert auch sie eine Art Ur-Sprache, die sich in die verschiedenen Einzelsprachen verbreitet und dort ihre Spuren hinterlässt. Sie ist das Gegenprinzip zur überlieferten Geschichte, die bei Joyce auch als „his-story" vorkommt und verweigert sich der rein rational-patriarchalen Sichtweise durch ihr eigenes Dasein, das sich in fließendem Übergang als „mother and daughter, river and cloud" zeigt.

Die Liffey und die Salzach, Freud und Joyce, Hildegard und Erentrudis, Igonta und Lingua ignota, Jedermann und Everyman, Hotel Bristol und Letho – all diese Paare deuten darauf, dass es knapp unterhalb der sichtbaren Stadt eine unbewusste, gleichsam verborgene Stadt gibt, eine Stadt, die träumt. Wenn wir jetzt weitergehen, stelle ich mir vor, dass wir in ihr Strömen hinabsteigen und uns der Sprache einer dichtenden Stadt überlassen.

Christian Doppler, der am 29. November 1803 am Makartplatz geboren wurde, hat das vielleicht alles vorausgeahnt, als er 1842 seine berühmte Schrift *Über das farbige Licht der Doppelsterne* verfasste. Gemeint ist damit in unserem Zusammenhang ausnahmsweise nicht seine bahnbrechende Entdeckung des Doppler-Effekts, sondern vor allem der poetische Titel der Schrift, der mir rückwirkend als ungemein passendes Motto für dieses Kapitel scheint: *Über das farbige Licht der Doppelsterne, helle Freude, FREUD und JOYce.*

[Handschriftliche Randnotiz: Livia ... Liffey ... Lethe S.32]

Sebastiansfriedhof

MIRABELLGARTEN

WC

PARIS LONDON STRASSE PARIS LONDRON
PARIS LONDRON STRASSE
GARTEN
LO

DREIFALTIGKEITSSTRASSE
BERGSTRASSE BERGSTRASSE
PRIESTERHAUSGASSE
DREIFALTIGKEITSSTRASSE

HOTEL BRISTOL
MAKARTPLATZ
JARDIN
MAKARTPLATZ
DREIFALTIG-KEITS-KIRCHE
PRIESTERHAUSGA

SCHWARZSTRASSE SCHWARZSTRASSE
RICHARD MAYR
KÖNIGSGASSE
DREIFALTIGKEITSSTRASSE
LINZER

JOSEF
ELISABETHKAI ELISABETHKAI
LEDERERGASSE

SALZACH

49 Sebastiansfriedhof

Wir betreten hier einen stillen Ort des Übergangs. Auf dem Sebastiansfriedhof beggnen sich nicht nur die Sphären der Lebenden und der Toten, er markiert als architektonisches Zeugnis auch die Schwelle zwischen Renaissance und Barock, zwischen Mittelalter und Moderne. Die Berühmtheiten, die uns hier begegnen, sind ebenfalls historische Zwischen- und Mittlerfiguren, die die Ambivalenz und Zerrissenheit der damaligen Schwellenzeit ab dem Ende des 15. bis zum Ende des 16. Jahrhunderts biografisch verkörpern. Die klassischen Ideale der Renaissance, wie das Streben nach Harmonie und Proportion, die Wertschätzung des Menschen in seinen individuellen Potenzialen und die Begeisterung für die Erforschung der Natur, stehen zu dieser Zeit nach wie vor hoch im Kurs, sie sind aber schon von der Melancholie und den Erschütterungen frühbarocker „Vanitas"-Erlebnisse geprägt.

Wolf Dietrich von Raitenau, der uns anfangs schon begegnet ist und der sich als stolzer Renaissancefürst nicht nur dem klerikalen Moralkodex, sondern auch der Fortführung der traditionellen einheimischen Baugeschichte verweigerte, ließ den einst gotischen Friedhof um 1600 nach dem Vorbild der italienischen *Campi Santi* umbauen. „Campus Sanctus" nannte man ein mit einem Bogengang umfriedetes heiliges Feld, in dessen Mitte Wolf Dietrich sich hier ein monumentales, der Vergänglichkeit trotzendes Grabmal, die sogenannte Gabrielskapelle, erbauen ließ. Neben der Monumentalität als Ausdruck von Macht und Dauer fällt der barocke Gehäusecharakter der Anlage auf, denn er wirft ein besonderes Licht auf das Verhältnis des Kirchenfürsten zu seiner letzten Ruhestätte. Ein Körper in einem Sarkophag, umfriedet von

Die klassischen Ideale

der Renaissance,

wie das Streben nach

Harmonie und Proportion

53 Sebastiansfriedhof

einem innen beinahe frivol mit bunten Azulejos verkleideten Kuppelbau, eingebettet in einen umfriedeten Gottesacker inmitten der befestigten Stadt Salzburg, umringt von den schützenden Bergen des Salzburger Landes – wie beim Matrjoschka-Prinzip kommt man vom Großen zum Kleinen und wieder zurück zum Großen. Wolf Dietrich ist Salzburg, Salzburg ist Wolf Dietrich, wie man es dreht und wendet, an seiner letzten Ruhestätte trifft man vor allem immer wieder auf „WOLF TEODO ARCHIE", wie über dem Eingang zur Kapelle zu lesen ist. Diesen letzten Triumph der dauerhaft inszenierten Anwesenheit haben seine Gegner vielleicht nicht durchschaut oder zumindest nicht verhindern können. Sein sehnlicher Wunsch, neben der geliebten Salome Alt zu ruhen, wurde ihm nach deren Tod allerdings nicht erfüllt. Bis heute weiß man nicht, wo sie begraben liegt. Damals war Christen die Einäscherung verboten. Hat sie sich möglicherweise auch über dieses Verbot der Liebe wegen hinweggesetzt und umweht seither das Gehäuse ihres Gefährten wie der Zeus'sche Goldstaub die Danaë? Wie belastbar die Liebe zwischen den beiden gewesen sein muss, zeigt auch die Tatsache, dass der katholische Kirchenfürst und die protestantische Bürgerstochter mitten in der Zeit der Kirchenspaltung und der Exzesse von Reformation und Gegenreformation zusammenfanden und zusammenblieben. Eine nicht unbedeutende und geradezu mahnende Fußnote der Geschichte. Ist schließlich die Liebe das christliche Hauptgebot, das in seiner entwaffnenden Einfachheit damals auch im Großen hätte viel Leid verhindern können.

Die zweite prominente Figur, die bereits vor Wolf Dietrichs italophilem Umbau des Friedhofs 1595 hier begraben lag und deren Gebeine später an einem großen Denkmal am Eingang umgebettet wurden, war der Arzt, Naturforscher und Laienprediger Theophrastus Bombastus von Hohenheim, der sich später Paracelsus nannte. Gleich beim Hereinkommen stößt man auf sein imposantes Grabmal, das erste dieser Art in Salzburg für eine weltliche Persönlichkeit. Dass Theophrastus Bombastus von Hohenheim seinen klingenden Namen in den vielleicht griffigeren „Paracelsus" geändert hat, mag mehrere Gründe gehabt haben. Interessant ist, dass es in der frühchristlichen Vergangenheit zwei Männer mit dem Namen Celsus gab, auf die ein Namensbezug des Theophrastus mehrfachen Sinn machen würde. Der eine Celsus war ein römischer Enzyklopädist um Christi Geburt, Aulus Cornelius Celsus, der damals eine der wichtigsten medizinischen Schriften *De medicina* herausbrachte. Der andere ist der Philosoph Kelsos, römisch *Celsus*, der im zweiten Jahrhundert nach Christus lebte und den Absolutheitsanspruch des aufkommenden Christentums scharf kritisierte. In seiner Schrift *Die wahre Lehre,* auf Griechisch *Alethés lógos*, forderte er die Christen auf, die bereits bestehenden Weisheitstraditionen der Ägypter, Assyrer, Inder, Perser und Druiden als kontinuierlichen spirituellen Strom durch die Jahrhunderte anzuerkennen und sich mit ihrem eigenen Glauben in diese bestehenden Weisheitstraditionen einzuordnen. Seine Argumentation, mit der er die jüdisch-christliche Lehre herausforderte, ist heute immer noch lesenswert und interessant für einen fruchtbaren interreligiösen und interdisziplinären Dialog.

Da die Schriften beider Autoren zur Zeit des Paracelsus erstmals ins Lateinische übersetzt beziehungsweise damals kürzlich erst wiederentdeckt worden waren, deutet die Namenswahl „Para-celsus" auf einen engen Bezug des Theophrastus zu diesen Schriften hin. Einerseits stellt er das eigene Werk in die Tradition dieser bisherigen Arbeiten, andererseits sieht er seine Forschungen und Methoden auch als darüber hinausgehend – beides Bedeutungen der Vorsilbe *para*.

Paracelsus hat die damalige Medizin in wesentlicher und vielfacher Hinsicht weiterentwickelt und gilt daher sogar als früher Erfinder der modernen Pharmazie. Gleichzeitig war er zutiefst christlich inspiriert, zeigte sich aber als Freigeist keineswegs unkritisch gegenüber der Kirche und ihrem Anspruch als wegweisende Institution. Es wäre also nicht verwunderlich, wenn er den Namen Paracelsus nicht zuletzt deshalb gewählt hätte, weil er sich mit dem kritischen Nachfragen des Kelsos zur christlichen Kosmologie und Religionsphilosophie sehr genau beschäftigte und daraus seinen eigenen schöpferischen Zugang zum Christentum gefunden hat. Celsus' kritische Fragen richteten sich beispielsweise gegen den christlichen Vorrang des Menschen vor der Natur, gegen die Glaubwürdigkeit der Auferstehung des Fleisches oder gegen die Rolle des Glaubens gegenüber der Vernunft. Wir werden gleich anhand eines Beispiels sehen, wie Paracelsus innerchristlich auf diese Punkte höchst unorthodoxe Antworten fand.

Wenn du die Welt verlässt, dann sorge nicht, dass du gut warst, sondern verlasse eine gute Welt.

Zuvor ein kurzer biografischer Einschub: Paracelsus wohnte bereits als junger Mann für kurze Zeit in Salzburg. Gerüchten zufolge, die wahrscheinlich nicht ganz unbegründet waren, musste er 1525 aufgrund allzu großer Sympathien für die Bauernaufstände gegen den damaligen Fürsterzbischof Kardinal Matthäus Lang von Wellenburg aus der Stadt fliehen. Nach kurzen Stationen in Basel und Nürnberg und langen unsteten Wanderjahren durch ganz Europa, verbrachte er seine letzten Jahre, nach Wellenburgs Tod 1540, wieder in Salzburg, wo auch er 1541 „das Leben mit dem Tode vertauschte". Zuvor hatte Paracelsus im Gasthaus zum Weißen Roß in der Kaigasse seinen letzten Willen zu Papier bringen lassen und verfügte, den größten Teil seiner bescheidenen Habe unter den Armen verteilen zu lassen, die er auch als Gesellschaft für seine letzten Ruhe im ehemaligen Armengrab hier auf dem Friedhof wählte.

Paracelsus war fahrender Arzt, Wundarzt in mehreren europäischen Kriegen und bezog die allermeisten seiner immensen medizinischen und naturwissenschaftlichen Kenntnisse aus der direkten Anschauung seiner beruflichen Praxis. Gleichzeitig war er ein höchst eigenwilliger theologischer Denker, der sich weder vom Papst noch von Luther, dessen Zeitgenosse er war, einschüchtern ließ und der seine religiösen und beruflichen Grundüberzeugungen zu einer „unlösbare[n] Einheit von ärztlicher und theologischer Praxis" verschmolz. Der Beruf des Arztes und Naturforschers war ihm heiliges Amt, das er als ihm von höchster Instanz auferlegt empfand. Sein Credo war, dass die Welt dem Menschen von Gott als unvollständig überantwortet wurde und es dem

Menschen obliege, diese zu vervollkommnen, das heißt, sie besser zu machen. Diesen Gedanken greift der ehemalige Salzburger Domdekan Johannes Neuhardt auf, wenn er Brechts *Heilige Johanna der Schlachthöfe* frei zitiert: „Wenn du die Welt verläßt, dann sorge nicht, daß du gut warst, sondern verlasse eine gute Welt." In diesem Sinn war Paracelsus 400 Jahre zuvor eine geradezu ideale Brecht'sche Figur. Und nicht nur im Sinne einer Präferenz der Weltverbesserung statt bloßer Selbstverbesserung, die Neuhardt am *Jedermann* störte, sondern auch in einer frühen Vorwegnahme einer umfassenden Dialektik des Daseins, wie Brecht sie später in seinen Stücken entwickelte. Paracelsus beschäftigte sich weit vor Hegel und seinen Nachfolgern intensiv damit, zwischen den Gegensätzen, die unser materielles Dasein bestimmen, durch die Einführung eines dritten Prinzips so zu vermitteln, dass auf einer nächsten Ebene aus den Gegensätzen etwas Neues entsteht. Dieses trinitarisch oder auch dialektisch inspirierte Vorgehen ist als seine *Drei Prinzipien Lehre* bekannt. Am häufigsten finden wir bei ihm für die drei Prinzipien oder philosophischen Substanzen, wie sie auch genannt werden, die Bezeichnungen *Sal, Mercurius* und *Sulphur*. *Sal* (oder Salz) steht für Erde und Wasser als Materie, *Mercurius* (oder Quecksilber) steht für die Luft als Verbindungselement und *Sulphur* (oder Schwefel) steht für das Feuer als wärmendes Prinzip. *Sal* wird auch dem Leib als irdisches Prinzip, *Mercurius* der Seele als Vermittlerin und *Sulphur* dem Geist als transzendentes Prinzip zugeordnet. Mikro- und Makrokosmos als Verkörperungen der dem Menschen von Gott überantworteten Welt sind nach Paracelsus immer in diese drei Prinzipien aufzulösen.

Um lebendig nachzuvollziehen, was er mit seiner *Drei Prinzipien Lehre* gemeint haben könnte und wie er damit auch gegen die erwähnten kritischen Fragen des Celsus hielt, bietet sich ein Beispiel an, das Paracelsus zwar selbst noch nicht kennen konnte, das er mit seiner Theorie aber bereits vorbereitet hat. Dieses vielversprechende Exempel ist aus Salzburg nicht mehr wegzudenken, seine Erfolgsgeschichte wurde allerdings bislang und soweit bekannt noch nicht unter Heranziehung der paracelsischen Prinzipienlehre untersucht. Die Rede ist von einem gastrosophischen Exportartikel, der die paracelsische Dialektik auf kleinstem Raum vorzuführen vermag. Er ist rund, besteht aus drei Schichten, einem inneren Kern, einer äußeren Haut und einer beides verbindenden Füllung. Dabei entspricht der Kern dem Geistprinzip des Feuers, *Sulphur*, in dem alles bereits angelegt ist: die Rundheit, die Selbstgenügsamkeit, das In-sich-Geschlossene. Die Haut entspricht der sichtbaren Materie und damit dem Prinzip *Sal*. Wir sehen nur die Oberfläche, die zeigt und verbirgt zugleich: *INSIDE OF & OUTSIDE OF ITSELF*. Dazwischen liegt die Schicht, die mit dem Quecksilber in Verbindung steht und Geist und Körper, Kern und Hülle miteinander verbindet: die Füllung, die hier sowohl den Kern als auch die Haut vollkommen auskleidet. Sie werden es erraten haben – gemeint ist die Mozartkugel.

An ihr sehen wir, dass keines der drei Prinzipien ohne die anderen beiden zu haben ist in diesem süßen und vergänglichen Mikrokosmos, der sich beliebig auf andere Mikro- oder Makrokosmen übertragen lässt. Marzipan-Pistazie zum Beispiel anstelle von schwerem Eisen im Erdinneren, zarter

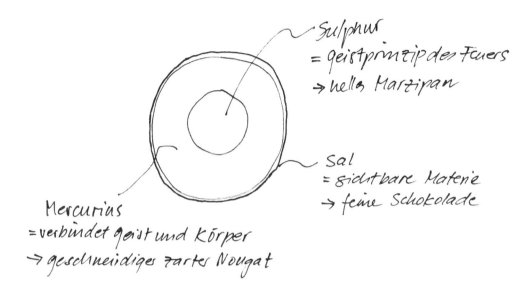

Sie ist rund, besteht aus drei Schichten, einem inneren Kern, einer äußeren Haut und einer beides verbindenden Füllung.

Nougat für die etwas leichteren Metalle im Erdmantel und schließlich hauchfeine Schokolade für die leichteren Gesteine an der Erdkruste. Oder: helles Marzipan für unsere Knochen, geschmeidiger Nougat für alle Innereien und Weichteile und feine Schokolade für unsere Haut.

> *„Essen ist nicht ‚Füllung, sondern eine Formerstattung' des Leibes",*

zitieren die Philosophenbrüder Gernot und Hartmut Böhme Paracelsus in ihrem Buch über die Elemente. Indem wir uns also die Mozartkugel als ausgewogene mikrokosmische Verkörperung der drei paracelsischen Prinzipien einverleiben, wird ein ausgeklügelter Transsubstantiationsprozess angestoßen, der den eucharistischen Wandlungsgedanken auf die diesseitige Ebene anwendet. Im christlichen Heilsgeschehen verwandelt sich der Gläubige durch das Essen der Hostie in ein anderes Sein. Augustinus hatte dazu eine Vision, in der er die Jesusworte hörte:

> *„Doch nicht du wirst mich in dich verwandeln, sondern ich werde dich in mich verwandeln."*

Essen bedeutet im Prozess der Transsubstantiation nicht Verdauen, sondern vollständige Umgestaltung. Übertragen wir dieses Geschehen auf die Ausgewogenheit der Naturkräfte, die in der Mozartkugel konzentriert sind, dann wird sie uns im besten Fall verwandeln und uns als Vademecum gegen eine Welt dienen, die sich üblicherweise immer nur in uns verwandeln soll.

Wer die Mozartkugel unter diesem ungewohnten Aufladungsgeschehen verspeist, sollte sich nicht wundern, wenn er sich seit Langem wieder vollkommen in seiner eigenen Mitte empfindet. Und dass das köstliche Rund in einzig stimmiger Weise nach Mozart benannt ist, sollte dazu einladen, die fast überirdische Balance seiner Musik wieder einmal vollkommen neu zu hören: als lebensnotwendigen und gewaltigen Trost des Daseins *(Sal)*, als beweglich, Fernstes verbindend *(Mercurius)*, als strahlendes Licht *(Sulphur)*.

Selbst Celsus könnte zufrieden sein, denn Para-celsus macht seinem Namen alle Ehre, indem er tatsächlich die Unvereinbarkeit des spätantiken mit dem frühchristlichen Denken auf einer para-celsischen Ebene auflöst:

> *„Was in der Eucharistie als initiatorisches Heilsereignis gefeiert wird, das verlegt [er] zurück in die Natur als ihr überall herrschendes Prinzip. Paracelsus denkt in allen Sphären des Naturprozesses den Transsubstantiationen nach, in welchen aus Unsichtbarem Sichtbares, aus Materiellem Geistiges, aus Form Materie, aus Fernem Nahes, aus Imaginärem Reales, aus Anorganischem Organisches, aus Organischem Geistiges, aus Tierischem Menschliches, aus Leiblichem Siderisches generiert wird – und jeweils umgekehrt."*

Gott und Welt werden also nicht als getrennt, der Leib der Welt wird ganz selbstverständlich als irdischer und himmlischer Leib gedacht. Deshalb stellt die Mozartkugel als irdisches Pendant zur Hostie für Paracelsus keine Häresie dar, sondern bringt die christliche Botschaft des einen Liebesleibes auf eine religionsübergreifende, fast möchte man sagen global friedenstiftende Ebene: Oh, lasst uns diesen kleinen silbrigblauen Planeten so oft wie möglich verspeisen, auf dass er uns jedes Mal daran erinnere, dass jedes Gehäuse ein weiteres birgt oder von einem anderen geborgen wird: das Marzipan im Nougat, die Kugel im Leib, der Leib in der Welt, später der Leib im Übergang/im Grab, das Grab im *Campo Santo*, der Friedhof in der Stadt, die Stadt in der Welt, der Mikro- im Makrokosmos.

Ein geheimnisvolles Gehäuse allerdings gibt es, welches selbst noch den Makrokosmos umfasst und das sicherstellt, dass alles, was ist, auch immer gewesen sein wird. Dieses Gehäuse birgt die Erinnerung. Alles bleibt verzeichnet. Das Gedächtnis macht keinen Unterschied zwischen Lebendigem und Totem. Nur, nachdem niemand diesen Ort kennt, an dem alles erinnert wird, helfen wir dem Andenken nach, so gut es geht, sorgen dafür, dass etwas Dauerndes bleibt von uns und ehren unsere Toten. Der amerikanische Literaturprofessor Robert Harrison schreibt in seinem Buch *Die Herrschaft des Todes*, dass diese Anstrengungen, etwas Dauerhaftes zu hinterlassen, das

„Geschenk der Toten an die Zukunft darstellt".

Dass jemand selbst erinnert wird, ist das eine, dass jenes, was bleibt, wenn die Person nicht mehr ist, den Lebendigen und den Zukünftigen zutiefst menschlichen Trost spendet, ist das „Geschenk", von dem Harrison spricht. Was er über den Trost der Literatur schreibt und was ich hier für unsere Zwecke umformuliere, gilt für alle „Geschenk[e] der Toten an die Zukunft": Indem das köstliche Rund der Wunde der Sterblichkeit selbst einen Geschmack verleiht, „behaust oder beherbergt sie auch noch die trostlosesten Arten der Trauer". Die Mozartkugel versüßt in diesem tiefen Sinne die Erinnerung und

> *„Anerkennung unserer leidenschaftlichen und sterblichen Natur".*

Alles bleibt verzeichnet. Das Gedächtnis macht keinen Unterschied zwischen Lebendigem und Totem.

RASTVS INS
E DOCTR
AVVNTRA
AM HYDRO
RANARIIN
ONTACIA M
STVIT ACT

BÜRGERSPITALGASSE
ROSSE-
BÄNDIGER
SIEG-MUNDSTOR

UNIVERSITÄTS
PARIS LON

PARIS LONDRON UNIVE
HOFSTALLGASSE HOFSTALLGASSE HOFSTALL
PAR

Max-Reinhardt-Platz

Mitten im Herzen Salzburgs gesellen sich zum konstanten Puls der Idylle vielversprechende Rhythmusstörungen, die aus der Konstellation dieses Platzes selbst herrühren. In jeder Hinsicht auf der Schwelle finden wir uns hier, am Übergang vom Max-Reinhardt-Platz zum Wilhelm-Furtwängler-Garten, plötzlich zwischen Spiel und Ernst, zwischen Wildes und Heiliges, zwischen Nomadisches und Verwurzeltes gestellt. Nichts an diesem Ort deutet zunächst auf ein solch opulentes Spannungsfeld hin, zu unverbunden scheinen die einzelnen Komponenten zwischen Kollegienkirche und Festspielhaus. Da ist das Schiller-Denkmal neben den *Gurken* von Erwin Wurm, dahinter die etwas lieblose Grünfläche mit angenehmen Sitzgelegenheiten und verstreuten Skulpturen, seitlich der Kubus von Anselm Kiefer und schließlich, sichtbar platziert, dennoch aber häufig übersehen, der Wilde-Mann-Brunnen gegenüber dem Haus für Mozart. Was so scheinbar unverbunden nebeneinander steht, ergibt bei näherer Betrachtung ein komplexes, überzeugendes und fast holografisches Bild der Festspielstadt.

Zunächst wunderte ich mich darüber, dass Friedrich Schiller, der ja eigentlich gar nichts mit Salzburg zu tun hat, dennoch ziemlich prominent am Rande der Grünfläche über den Platz schaut. Die Nationalsozialisten hatten Schiller und andere Künstler und Wissenschaftler, die sich nicht mehr wehren konnten, für ihre deutschnationalen Zwecke missbraucht und die überlebensgroße Statue 1941 aus dem Garten des Freiherrn von Schwarz hierher übersiedelt. Schiller aber wird sich für immer über seine Werke der unsäglichen Vereinnahmung entzogen haben. Ihn zu lesen und sich von seinem komplexen Ringen mit den Unvereinbarkeiten dieser Welt überwältigen zu lassen, gehört zum wirkkräftigsten Vademecum gegen jede Form der einseitigen Beeinflussung. Schiller ging es zeitlebens um politische Freiheit, den freiheitlichen Staat, den freien Menschen. 1792 verlieh die französische Nationalversammlung ihm als *Monsieur Gillé* – [ʒileː] – bitte lesen Sie den Namen laut! – die Ehrenbürgerschaft, weil er sich um Freiheit und Humanität verdient gemacht hatte. Drei Jahre später und in Distanzierung zur Terreur der Französischen Revolution schreibt er in seinen ästhetischen Schriften, dass die Masse der Menschen der Freiheit, die ihr hätte entstehen sollen, noch nicht gewachsen war. Er plädiert darin für einen ästhetischen Spielraum der Kunst, für ein „Übungsgelände der Freiheit", auf dem Handlungen und Überzeugungen ausprobiert und so lange verändert und präzisiert werden können, bis über diese Probehandlungen ganz reale Veränderungen in der gesellschaftlichen Wirklichkeit angestoßen werden. Die interessante Volte ist, dass die Schillerstatue von Gegnern der Freiheit an einem Ort aufgestellt wurde, den man in des Dichters Sinne tatsächlich Übungsgelände nennen kann. Schiller hätte das wohl gefallen. Er war Aufklärer, Dialektiker, Spieler. Mitten ins Zentrum des Festspielareals gestellt, wirkt er wie dessen graue Eminenz, die beobachtet, ob seine Überlegungen zur Schönheit des Scheins, die er vor über 200 Jahren aufgestellt hat, hier und heute immer noch die Gemüter erhitzen.

Ein elektrisierender Zauber entfaltet sich allemal, wenn er der Festspielwelt seine Theorien über das Spiel und das Spielen zuruft, die immer noch bahnbrechend sind und die es verdienen, wieder und wieder gelesen zu werden. Schöne

Sätze gibt es da, die uns zur eigenen spielenden Seele verführen wollen.

> *„Indem es mit Ideen in Gemeinschaft kommt, verliert alles Wirkliche seinen Ernst, weil es klein wird, und indem es mit der Empfindung zusammentrifft, legt das Notwendige den seinigen ab, weil es leicht wird."*

Die Welt der Kunst wird bei Schiller zu einer „Probebühne" für die Wirklichkeit, auf der, ohne immer gleich „Ernstfall" sein zu müssen, die großen und die kleinen Gedanken und Gefühle ausprobiert und miteinander verhandelt werden. Man stelle sich vor, das spielerische „Als ob" des schönen oder weniger schönen Scheins würde, steter Tropfen und so weiter, dazu beitragen, dass all die Franz Moors und Lady Macbeths in uns ihr Pulver in diesen Möglichkeitsräumen schon verschießen könnten, dass das wiederholte und vielgestaltige Ausprobieren von Liebe, Freundschaft und Freiheit auf der Bühne der Kunst zu eben jener „ästhetischen Erziehung des Menschen" führte, die in der gesellschaftlichen Wirklichkeit den Unterschied markiert.
Lassen Sie uns ein kleines Experiment wagen und Ernst machen mit dem Spiel. Schillers großes Bekenntnis,

> *„der Mensch spielt nur, wo er in voller Bedeutung des Worts Mensch ist, und er ist nur da ganz Mensch, wo er spielt",*

soll sich hier im Furtwängler-Garten, in unmittelbarer Nähe zu den Festspielen für uns einlösen. Wir wollen spielen.

Jede Gurke ist individuell verschieden, aber doch sofort als Gurke erkennbar […] ähnlich den Menschen.

Erwin Wurm

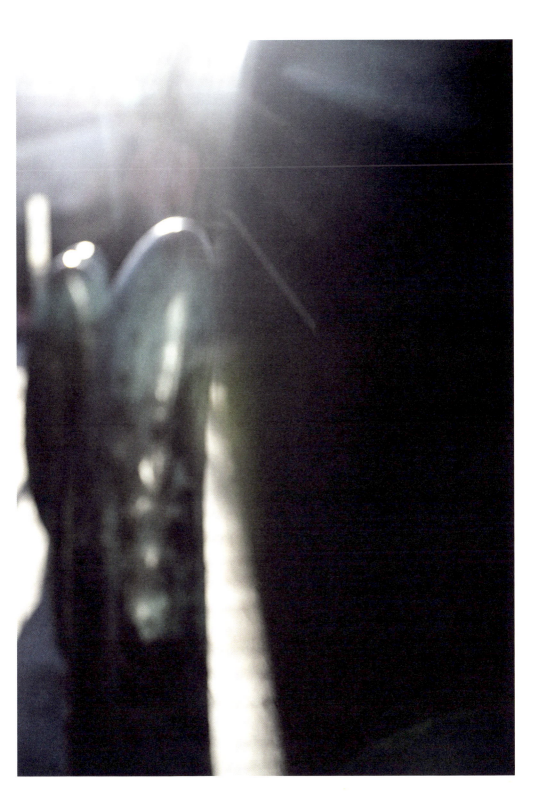

Schiller springt dafür vom Sockel zu uns auf Augenhöhe. Wir stehen mit ihm zwischen den bronzenen *Gurken* von Erwin Wurm und haben damit eine demokratische Ausgangssituation, wie sie Schiller vielleicht vorgeschwebt war. Wurm präzisiert:

> *„Jede Gurke ist individuell verschieden, aber doch sofort als Gurke erkennbar [...] ähnlich den Menschen."*

Ob wir also dieses oder jenes Gurkerl sind – mit der grundsätzlichen Möglichkeit der Freiheit ausgestattet, eine vielschichtige „wilde Seele" zu werden, die nicht jeder „Fanatisierung des Wirklichkeitswillens" aufsitzen muss, stehen wir dicht und gurkig nebeneinander und könnten uns durchaus freuen über all die kleinen individuellen Unterschiede, die uns eben ausmachen. Diese heitere Ausgangssituation erleichtert es uns, alles falsche Pathos fallen zu lassen und mit ungeheurer Neugier und echter Beseelung unserer Spielfreude Ausdruck zu verleihen. Natürlich entspringt das, wohin ich unseren Blick im Kommenden lenken werde, meinem spezifischen Interesse am Spiel, ich hoffe aber, die gelegten Spuren sind so offen, dass Sie dabei auf eigene Abwege geraten werden.

Besondere Aufmerksamkeit weckte bei mir von Anfang an das klein mit Bleistift an die riesige weiße Wand geschriebene *A.E.I.O.U.* im Kubus von Anselm Kiefer. Die Signatur stammt ursprünglich von Kaiser Friedrich III., der in der zweiten Hälfte des 15. Jahrhunderts das Heilige Römische Reich regierte und alles, was für ihn von Bedeutung war – Gebäude,

"simultane Wirklichkeiten" –
"der einzige Weg zu einer nicht-hierarchischen Gesellschaft" S. 24

Wappen, Tafelgeschirr – mit diesem Signum versah. Spannend ist, dass die Bedeutung von A.E.I.O.U. bis heute nicht vollständig enträtselt wurde. Es gibt viele, oft zitierte Möglichkeiten, die vor allem die Größe und Herrlichkeit des Kaisers im Besonderen und Österreichs im Allgemeinen betreffen, wie beispielsweise die bekannteste Interpretation

„Alles Erdreich ist Österreich untertan".

Gleichzeitig wurde Friedrichs Signatur aber auch immer schon als Chiffre wahrgenommen, die unterschiedlichste Botschaften transportieren kann. Diese Eigenschaft hat sich Kiefer zu Nutze gemacht und seinen Kubus à la Friedrich, aber sehr viel flüchtiger, mit dem Schriftzug gezeichnet. Auf der riesigen Wand gegenüber vom Eingang steht das kleine krakelige A.E.I.O.U., Größenfantasien sind damit ad acta gelegt. Nichts soll hier in Stein gemeißelt sein, eher verweist der dünne Schriftzug auf Vergängliches und Vorübergehendes. In Verbindung mit den Zeilen von Ingeborg Bachmann an der angrenzenden Wand:

> *Wach im Zigeunerlager und wach im Wüstenzelt,*
> *es rinnt uns der Sand aus den Haaren.*
> *Dein und mein Alter und das Alter der Welt*
> *mißt man nicht mit den Jahren.*

aus ihrem Gedicht *Das Spiel ist aus* entsteht ein Proberaum, in dem das Spiel paradoxerweise erst anfängt und in dem sich alles darum dreht, dass das Wunderbare – das Zelt, die Liebe, der Augenblick, das Fest, das Nomadische, das Spiel –

äußerst flüchtig und auf Sand gebaut ist.

Dazu drei neue Interpretationen des Signums:

*A.*lles *E.*wige *I.*st *O.*hne *U.*rsprung

*A.*lles *E.*xplizit *I.*rdische *O.*ffenbart *U.*ns

*A.*uf *E.*iner *I.*rrfahrt *O.*hne *U.*nterlass

Oder, spielerischer, mit Blick auf unsere Ausgangssituation:

*A. E.*ssiggurkerl *I.*s *O.*iwei *U.*nbeschwert

[weitere Bedeutungen finden... ↗]

Gestatten Sie mir hier die Bemerkung, dass das Nomadische und das Flüchtige ja nicht gerade Attribute sind, die man gemeinhin mit Salzburg in Verbindung bringen würde. Für Letzteres tauchen eher Bilder auf von jahrhundertealtem Stein, von Sesshaftigkeit und Dauer. Aber die Ahnung drängt sich auf, dass genau dieser offene Platz hier sowohl das Fest als auch das Spiel, das Salzburg ebenso ist, immer wieder zum Leben zu erwecken vermag. Als heimliches Herz der Stadt, das dauernd frischen Lebenssaft in die allzu festgewordenen Strukturen pumpt und auch die umliegenden Orte zu Beweglichkeit und Spiel anstiftet. Alles, was an den bisherigen Stationen eine Rolle gespielt hat, tritt hier symphonisch zusammen: die Möglichkeit, den Ort als Chiffre zu benutzen, weil er keiner festen Funktion zugeschrieben werden kann; der Luxus, sich im Netz des Unbewussten zu verfangen, weil eben geträumt werden darf; die Akzeptanz der höchst verschiedenen Aggregatzustände des Menschen und der Welt, weil alles im Fluss ist.

Hüter all dieser unwägbaren Möglichkeiten ist eine Figur, die in unterschiedlichen Verkleidungen an mehreren Orten der Stadt präsent ist und die hier als Brunnenfigur von ihrer schillernden, jedoch nahezu unbekannten Berufung kündet. Die Rede ist vom hl. Onuphrius, der als *Wilder Mann* im Blättergewand und mit dem Stadtwappen in der Hand beinahe unbemerkt den Platz beherrscht. Wer war dieser unbekannte Heilige, dass ausgerechnet er Salzburg vor der Versteinerung zu bewahren vermag? Im Gegensatz zu den Geschichten anderer Heiliger, ist die Geschichte des hl. Onuphrius wenig bekannt. Meist wird die hiesige Brunnenfigur als Tattermann (mit dunklem „å" gesprochen auch: „toter Mann") oder Wilder Mann bezeichnet, was auch gar nicht falsch ist, blickt man auf die Lebensgeschichte des Heiligen. Der Legende nach wurde Onuphrius im 4. Jahrhundert n. Chr. im alten Ägypten als Sohn einer noblen Familie geboren. Nach dem wundersamen Überleben eines Feuertests wurde er von seinem Vater Gott geweiht und verbrachte den Großteil seines Lebens fernab der Zivilisation, erst in einem kappadokischen Kloster und schließlich als betender und fastender Asket in der Wüste. Der Name Onuphrius soll auf das koptische Wort *Unnufer* zurückgehen, was unter anderem der „ewig Glückliche" oder der „dauerhaft Gute" bedeuten kann. Assoziativ betrachtet deutet *Unnufer* natürlich auch auf die Uferlosigkeit, das Verlassen des sicheren Ufers, hin und auf ein freies Navigieren im Meer des Daseins und der Unendlichkeit. Vermutlich ist er aufgrund dieser Fähigkeit, sich in der Bodenlosigkeit zurecht zu finden, auch der „Hauptpatron der Kreuzfahrer und Pilger aller Art".

Onuphrius' Lebensgeschichte verdanken wir Paphnutius von Ägypten, der den Heiligen in der Wüste besuchte und die Nacht vor dessen Tod mit ihm verbrachte. Zunächst erschrocken von dem wilden Aussehen des Mannes, unterhielt er sich darauf die ganze Nacht mit dem Heiligen und wurde Zeuge eines Speisewunders, das beide Männer auf unerklärliche Weise mit Wasser und Brot versorgte. Wunder waren keine Seltenheit im Leben des hl. Onuphrius und so waren nach seinem Tod zwei Löwen zur Stelle, die mit ihren Pratzen das Wüstengrab für ihn aushoben. Die Szene ist in der Kirche Sant'Onofrio al Gianicolo in Rom dargestellt, die auch wichtige Reliquien des Heiligen besitzt. Goethe besichtigte Kirche und Kloster während seiner italienischen Reise und suchte das Grab des Dichters Torquato Tasso in der Seitenkapelle von Sant'Onofrio auf. Was ihn dort schließlich zu seinem berühmten Schauspiel inspirierte, ist nicht überliefert. Onuphrius spielte dabei vermutlich keine unbedeutende Rolle, ist er doch auch derjenige, der dabei hilft, Verlorenes und Vergessenes wiederzufinden, der sogar finden lässt, wovon man zuvor keinen blassen Schimmer hatte, wie die zündende Idee, den passenden Ehepartner oder die passende Ehepartnerin.

Onuphrius wird auf fast allen der zahlreichen Darstellungen, die es von ihm gibt, als alter langhaariger Mann gezeigt. Sein Körper ist dicht mit Haaren oder Blättern bedeckt, seine Scham von einem Blätterschurz oder einem Heurigenbuschen verdeckt. Pietro Aretino schreibt im 16. Jahrhundert:

> *„Anchora Santo Nofrio portava un cherchio da taverna intorno a la Sua vergogna."*

Übersetzt heißt das in etwa: Auch der hl. Onuphrius trug einen Heurigenbuschen um seine Scham. Dionysos lässt sanft grüßen. Die Figur des „haarigen Heiligen" ist in der christlichen Ikonografie keine Seltenheit. Sie wird nur immer ein wenig unter den Teppich gekehrt, finden hier doch sowohl die tierische als auch die transzendente Natur des Menschen wundersam zueinander. *Fare il noferi* heißt auf Deutsch deshalb auch „den Ahnungslosen spielen". Eine Haltung, die die Kirche gegenüber Onuphrius möglicherweise umso mehr kultiviert, als sie die eigentliche Besonderheit des Heiligen, die hier erst noch zur Sprache kommen soll, gerne unter Verschluss hält. Denn ein anderer Strang der Legende erzählt, Onuphrius sei eine wunderschöne Dirne namens Onuphria gewesen, die Gott, nachdem sie bekehrt wurde, bat, sie von ihrer Schönheit und dadurch von den Nachstellungen ihrer Freier zu bewahren. Der Wunsch wurde ihr erfüllt und sie erhielt das Aussehen, das wir kennen: das eines alten bärtigen, haarigen Mannes in einem weiblichen Körper. Als Hermaphrodit ist Onuphria deshalb auch der Patron nicht weniger queerer frommer Communities.

Wir sind nur vermeintlich abgeschweift. Onuphrius ist eben als Wüstensohn und Nomade schwer zu fassen. Man muss ihm auflauern. Selbst als Skulptur aus dem 17. Jahrhundert wechselte er häufig den Ort, bis er am Max-Reinhardt-Platz seine – vielleicht auch nicht letzte – Heimat gefunden hat. Das Salzburger Volksblatt schreibt 1937 über den sogenannten Fischbrunnen:

> *„Zumeist bleiben Monumente an der Stelle, für die sie einst geschaffen wurden. Aber es gibt auch solche, die*

anscheinend der Fluch der Unstetheit getroffen hat und die selbst einen Wandertrieb in sich haben."

Derzeit richtet sich die vielgestaltige Kraft des hl. Onuphrius am Genius Loci auf das spielerische Element in uns allen, das ebenfalls viel mit Doppel- oder Mehrgeschlechtlichkeit zu tun hat. Foucault hat sicher recht, wenn er schreibt,

> *„daß die geheimsten und tiefsten Wahrheiten des Individuums im Geschlecht gesucht werden müssen".*

Selbst das Geschlecht der Götter will in diesem großen Spiel nicht fehlen und verweigert nicht die Inspiration. Der große Festspieler Peter Simonischek sprach 1982 als Torquato Tasso hier auf der Festspielbühne Worte, die bis in die Grabestiefen von Sant'Onofrio dringen dürften:

> *„Und wenn der Mensch in seiner Qual verstummt,
> Gab mir ein Gott, zu sagen, wie ich leide."*

Das ist die eine Weisheit, die wir aus der Begegnung an dieser Station ziehen können: Solange es Kunst gibt, ist die Qual nicht die letzte Berührung mit der Wirklichkeit. Die andere bezieht sich darauf, dass im Festspiel die Grenzen verschwimmen dürfen und es zum Schluss heißt:

*A.*m *E.*nde *I.*st *O.*nuphrius *U.*nbezwingbar.

Übungsgelände der Freiheit

Max-Reinhardt-Platz

SAN FLORIANO

BRODGASSE   GOLDGASSE

Franziskanerkirche

ALTE RESIDENZ

RESIDENZ BRUNNEN

MARIEN SÄULE

SALZBURGER DOM

PETER   WC

GARTEN   ALMKANAL

Wenn wir uns nun nach Osten wenden und in Richtung Franziskanerkirche gehen, kommen wir an der Fassade des Rupertinums vorbei. Von dieser strecken uns einige Fenster den sogenannten *Zungenbart* heraus. Die goldenen und silbernen *Zungenbärte* sind eine Arbeit von Friedensreich Hundertwasser, die Anfang der 1980er-Jahre als skandalös empfunden wurde, ihr provokatives Potenzial heute aber weitgehend eingebüßt hat. Dabei ist das eigentlich Verblüffende der *Zungenbärte* vielleicht noch gar nie wirklich bemerkt worden. Unauffällig blecken sie von der Fassade und sind dabei eine raffinierte Brücke zwischen dem heiligen Doppelwesen Onuphrius und den Bildgeheimnissen der Franziskanerkirche, die wir gleich besuchen werden. Ähnlich wie das „Fell" des Onuphrius suggerieren auch die Zungenbärte buchstäblich eine starke Behaarung von Körperteilen, welche üblicherweise nicht oder nur spärlich behaart sind. Über die haarigen Heiligen haben wir soeben erfahren, dass ihr Fell sowohl Kennzeichen ihrer Fehlbarkeit als auch Auszeichnung ihrer Heiligkeit ist.

Die *Zungenbärte*, als Fantasie der befellten Zunge, greifen diesen scheinbaren Widerspruch noch einmal auf und ermutigen uns vielleicht dazu, den Zusammenhang zwischen Sünde und Heiligkeit ambivalenter und humorvoller zu erkunden als in einer scheinbar einfachen Unterscheidung von Gut und Böse.

> *„Die Tiere! Die Tiere! Woher kennst du sie?*
> *Von allem, was du nicht bist und zur Probe gern wärest."*

Die Zungenbärte ermutigen uns
vielleicht dazu, den Zusammenhang
zwischen Sünde und Heiligkeit
ambivalenter und humorvoller
zu erkunden

Einer der faszinierendsten Aspekte der romanischen Kunst, die uns hier im Langschiff der Kirche empfängt, ist ihr enger Bezug zur belebten Natur in all ihrem Formenreichtum. Die frühchristliche Bildsprache ist noch bis ins 13. Jahrhundert beeinflusst von heidnischen Kulten der Tierverehrung, die in der christlichen Vorstellungswelt zu Symbolen paradiesischer Rückverbindung oder subtiler Transformationsmöglichkeiten werden. Am Treppenaufgang zur Kanzel werden wir später einen herrlichen romanischen Marmorlöwen sehen, der in stolzer gleichmütiger Haltung an die Tatsache erinnert, dass der Mensch aus dem Paradies vertrieben wurde, während die Tiere darin im „unkorrumpierten Schöpfungszustand" verblieben. Dieses Spannungsfeld von paradiesischer Ursprünglichkeit und dem daraus vertriebenen und auf Erlösung verwiesenen Menschen findet sich in den romanischen Kirchen überall.

Eine der interessantesten Tierfiguren auf der Schwelle zwischen Paradies und Erkenntnis, zwischen Gott und den Menschen, ist die Schlange. Ihr Potenzial wird in anderen Kulten und Religionen wesentlich deutlicher betont, gerade aber in dieser Kirche können wir der Spur der Schlange durch die christlichen Jahrhunderte besonders eindrucksvoll folgen.

Von der Sigmund-Haffner-Gasse treten wir ein in den dunklen romanischen Eingangsbereich, den ältesten Teil der Kirche. Bereits auf den ersten Metern begegnet uns linker Hand, rechts vom *Wunderbaum-Altar*, auf einem der Sandsteinkapitelle oben eine Szene, in der zwei mythische Fabelwesen, halb Vogel, halb Drache, von einer Schlange im Griff gehalten werden. Der Schlange als großer Versucherin kommt in der

Schöpfungsgeschichte bekanntlich eine besondere Rolle für den Menschen zu, der sich hier auf der Schwelle zwischen kreatürlicher Geborgenheit im Garten Eden und menschlicher Freiheit in der Welt wiederfindet. Sie verführt Eva, vom Baum der Erkenntnis zu essen und erhebt sich damit gewissermaßen über Menschen <u>und</u> Tiere, denn sie ist offenbar die Einzige im Paradies, die das Geheimnis des Baums der Erkenntnis kennt.

Die Schlange ist von Anfang an das ambivalente Tier, das die menschliche Entwicklung voranbringt, indem sie Adam und Eva buchstäblich aus dem Paradies hinauskomplementiert. Elias Canetti schreibt dazu:

> *„Gott selbst hat Adam und Eva die Schlange auf den Leib gehetzt, und alles hing davon ab, daß sie ihn nicht verriet. Dieses giftige Tier hat Gott bis heute die Treue gehalten."*

Es gibt noch eine andere Geschichte im Alten Testament, in der erzählt wird, wie Gott ins Lager seines verzagten Volkes Giftschlangen schickte. Viele, die ängstlich aufgaben und lieber wieder in die Gefangenschaft zurückkehren wollten, wurden von den Schlangen gebissen. Daraufhin flehte Moses Gott an, seine sterbenden Leute zu verschonen und Gott antwortete ihm:

> *„Mach dir eine Schlange und häng sie an einer Fahnenstange auf! Jeder, der gebissen wird, wird am Leben bleiben, wenn er sie ansieht."*

Es sind die rauen und listigen Erzählerinnen und Erzähler, die uns faszinieren und uns die Welt deuten können.

Ein alter Gedanke kommt hier zur Sprache: Was verletzt, birgt auch die Heilung, was vergiftet, ist unter anderen Umständen das Therapeutikum.
Wieder ist es die Schlange, die dazu aufruft, mutig zu sein und die Angst vor den Konsequenzen dieses Muts zu überwinden. Ohne Garantie, ob dieser Mut nicht in die Irre führt, aber mit der Gewissheit, dass nur die Anerkennung der Angst es schafft, diesen Mut überhaupt auszulösen.

Mit Blick auf die Nähe von *Zungenbart* und Schlange an dieser Station ist es ein schöner Zufall, dass Canetti, der sich häufig in Salzburg aufhielt, die Geschichte seiner bewegten Kindheit *Die gerettete Zunge* nannte. Bei ihm geht es darum, das Eigene, die Herkunft und Sprache trotz aller verschlungenen Abwege nicht zu verlieren und es gelingt ihm, weil er von all seinen Irrtümern, Verunsicherungen und Anfechtungen <u>auch</u> erzählt. Es ist nämlich nicht die glatte und ungespaltene Zunge, die uns die aufregenden Geschichten zuträgt. Es sind die rauen und listigen Erzählerinnen und Erzähler, die uns faszinieren und uns die Welt deuten können.

Auf sie schauen wir, wie hinauf zur Schlange auf dem Kapitell und auf der Fahnenstange, auf dass sie uns mit gelöstem Zungenbart in mythische Angst und Verzagtheit verwickeln und uns damit ein Stück weit von unserer eigenen kleinen Angst befreien.

Die Bedeutung der Schlange als Verführerin und Heilerin wird in seltener Kombination auf dem *Wunderbaum-Altar* in der Ecke links neben dem Eingang gezeigt. In der Mitte ist

Maria, die *Theotókos*, die „Gottesgebärerin" abgebildet. Ihr Bild wird flankiert vom Bild der Schlange am Baum der Erkenntnis und dem von Christus (I.N.R.I.) am Baum des Lebens. Die Schlange wird Eva zum Verhängnis, aber auch zum Segen, ebenso wie Christus für Maria Schmerz und Segen gleichermaßen bedeutet. Die schillernde Kraft des jüdisch-christlichen Erbes, das von Ambivalenz und Mehrdeutigkeit geprägt ist, verkörpert sich häufig in seinen Frauenfiguren. Maria wird oft als die neue Eva bezeichnet, nicht im Sinne einer besseren Eva, sondern aufgrund der Größe der Herausforderung. Was könnte verlockender und schrecklicher sein, als sich mit einem Mal der eigenen Freiheit und dem parallelen Ende paradiesischer Geborgenheit bewusst zu werden, wie es bei Eva der Fall war? Vielleicht das Furchteinflößende und die Gnade, als Mutter des Gottessohns auserkoren zu sein, der bald am Kreuz geopfert werden wird? Beides sind unbegreifliche Zumutungen. Und es sind die Geschichten dieser Zumutungen und Wunder, die uns bis heute die widersprüchliche Kraft der Schlange vor Augen führen. Die Schlange ist immer beides – Verführung und Freisetzung, Verletzung und Heilung, Symbol von Sünde und Erlösung. Eines verspeist und gebiert das andere. Das ist es, was Paracelsus in seiner Lehre von den Wandlungsprozessen durchdekliniert: Eins verwandelt sich ins andere, nichts bleibt, wie es ist, auch Schmerz, Sünde, Tod sind Teil des großen transformativen Kreislaufs.

Durch das Essen des Apfels kommen Erkenntnis und Unterscheidungsfähigkeit in die Welt. Die Schlange, die einen beißt, die Verletzungen, die man erleidet, müssen gewürdigt und angenommen werden. Am Ende stehen das eucharistische Essen und Trinken des Leibes und Blutes Christi, in dessen Einverleibung die Christen „das Untier der Angst verspeisen", das ihnen seit der Vertreibung aus dem Paradies auf den Fersen ist. Das uralte Symbol des *Ouroboros* wird hier lebendig, der Schlange, die sich in den eigenen Schwanz beißt. Dieser Weg der Schlange kann nicht abgekürzt, er muss bis zur Berührung von Anfang und Ende gegangen werden. Er ist der Einzige, der die Gegensätze in einer einzigen ewigen Erneuerungsbewegung vereint.

> „Denn die Schlange ist nicht nur [...] tödlicher Biß, der gnadenlos vernichtet, sondern sie zeigt an sich selbst, indem sie sich häutet, wie der Leib seine Haut verlassen und – gleichsam aus der leiblichen Hülle schlüpfend – wieder von neuem weiter dauert."

Es gibt in den antiken Mythen viele Geschichten, in denen die Wegkreuzung, der Punkt, an dem sich die gegensätzlichen Richtungen des Weges berühren, eine Rolle spielt. Meist verdoppelt sich darin die Symbolik durch eine auftauchende Schlange. Einer dieser Mythen ist der von Teiresias, der an einer solchen Wegkreuzung auf zwei kopulierende Schlangen traf, die weibliche tötete und daraufhin in eine Frau verwandelt wurde. Er blieb Frau, bis er an einer weiteren Wegkreuzung wieder auf zwei Schlangen traf und sich, nachdem er die männliche tötete, in sein ursprüngliches Geschlecht zurückverwandeln musste. Abgesehen von der Tatsache, dass Teiresias von den weiblichen Lustmöglichkeiten überwältigt war und nur widerwillig in sein Ursprungsgeschlecht zurückwechselte, ist es interessant, dass die Schlange in der Begegnung offenbar sogar geschlechtlichen Begrenzungen Fluidität

und Durchlässigkeit verleihen kann: Von Paracelsus wird gesagt, dass er womöglich nicht nur Mann gewesen sei, von Onuphrius haben wir bereits gesprochen, Markus Lüpertz' *Hommage auf Mozart* am Ursulinenplatz zeigt eine männliche Büste auf einem weiblichen Torso. Der Arzt, der Heilige und der Komponist waren zweifellos „Meister der Schlangenkraft", sie hatten eine ungeheure Gabe, in ihrer Kunst Widersprüchlichstes so anzuverwandeln, dass daraus Ganzheit und Harmonie entstand, ohne dass die Unterschiede ihre Schärfe verloren hätten. Diese dramatischen uroborischen Charaktere sind, wie John Burnside schreibt,

> *„der Gegensatz zu dieser Welt: sie verströmen einen unirdischen Glanz, der nicht gefälscht werden kann, und ihre Visionen, wie irrsinnig oder komisch sie auch sein mögen, entlarven die Autorisierte Version unserer Existenz als Lüge".*

Wenn man der Schlange einmal auf die Spur gekommen ist, entdeckt man ihren Einfluss an den ungewöhnlichsten Orten. Meist verbirgt sie sich im Offensichtlichsten. Deshalb scheint Salzburg geradezu das ideale Versteck für dieses transformationsbegabte Wesen zu sein. Allerdings im allegorischen Sinn, was eben meint, dass die wertvollen Dinge im Exponierten und Offensichtlichen am besten versteckt sind. Der Spieltheoretiker am Festspielplatz, der Hermaphrodit im Heiligen, die Schlange in der Kirche. Die italienische Philosophin Luisa Muraro schreibt, dass

> *„die glücklichen Intuitionen, […] die Praktiken, die im Leben helfen […] von Natur aus so sind, dass man sie weder wappnen, noch aufrüsten kann, ohne dass ihre Natur verloren geht";*

dass sie „fast nicht zu verteidigen" sind und dass die Allegorie ein Ort oder eine Dimension des Seins ist, „an dem unsere Schätze in Sicherheit sind".

Weil in der Allegorie Ankunft und Aufbruch zusammenfallen, wie beim *Ouroboros*, und sich im Allegorischen immer wieder neue überraschende und vieldeutige Verkleidungen und Assoziationen auftun, um die zarte und komplexe Natur eines bestimmten Phänomens zu beschützen, ist sie wie die Haut der Schlange ein ideales Versteck für die wagemutige, aber verletzliche Seele.

Bereits die geografischen Gegebenheiten in Salzburg taugen für ein solcherart allegorisches Versteck. Die Stadt wird von einem Fluss in zwei Teile geteilt, dessen Verlauf hier eine S-Linie beschreibt. Die zwei gegenläufigen Biegungen der Salzach/Igonta auf Höhe des Stadtkerns sind nah an der idealen Linie, die William Hogarth 1753 in seiner *Analysis of Beauty* in der mittleren vierten Linie entdeckt hat.

Hogarth war Illustrator und Kupferstecher, Maler am englischen Hof und ein Zeitgenosse Mozarts. Seine Studien zur Schlangenlinie, die er als „Line of Beauty and Grace" bezeichnete, umfassten vielfältige Naturbeobachtungen sowie die Analyse von Kunstwerken aus unterschiedlichen Epochen.

Am interessantesten in unserem Zusammenhang ist ein Zitat, das Hogarth von Michelangelo überliefert:

> „Denn gewundene Linien sind ebenso oft die Ursache der Häßlichkeit wie der Grazie."

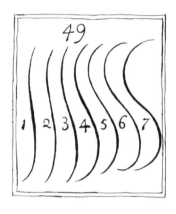

Man könnte ergänzen, dass es womöglich keine Grazie ohne die Nähe der Hässlichkeit gibt. Wie überhaupt nichts ohne das „Ebenso-oft" seines Gegenstücks existiert und all der Schattierungen dazwischen.

Das Schöne und Einzigartige der Franziskanerkirche ist nun, dass der ganze Prozess der Wegkreuzung und der Schlange, der Verwandlung und Rückverwandlung, der Überführung eines Stils in den anderen, der Häutung, Maskerade und Neuerung in ihr ein Ganzes bildet. Im Lauf der Jahrhunderte wurde verändert, dazu gebaut und überbaut. Man hat nicht, wie bei vielen anderen Sakralbauten, alles abgerissen, um die Einheitlichkeit des Neuen zu gewährleisten und gleichzeitig den Beitrag des Vorgängers auszulöschen. Wir können hier dem Weg der Schlange von der Romanik des 13. Jahrhunderts über die Gotik bis ins barocke 18. Jahrhundert folgen. Aus allen Epochen sind hier baumeisterliche und künstlerische Schätze aus Licht, Stein, Holz und Farbe versammelt, über die sich tagelang meditieren ließe. Unser Thema aber ist die Schlange und deren eigentliche Feier findet epochengeschichtlich im Barock und im Rokoko statt.

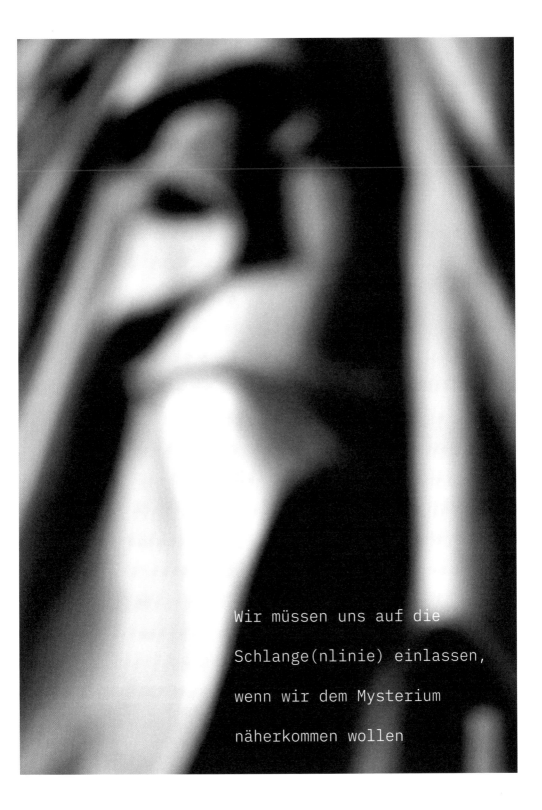

„Der Barock verweist nicht auf ein Wesen, sondern vielmehr auf eine operative Funktion, auf ein Charakteristikum. Er bildet unaufhörlich Falten",

beginnt Gilles Deleuze sein berühmtes Buch über den Barock. Die „Faltungen der Materie" und die „Falten der Seele" führen bei ihm die gleiche Bewegung aus, allerdings in verschiedene Richtungen. Während die Materie sich in Wellenbewegungen ins Unendliche des Raumes ausbreitet, wie es sämtliche Gewänder, Wolkenformationen, Spitzenborten und Lichtführungen mitempfinden lassen, kennzeichnet die Seele eine unauslotbare Faltbewegung nach innen. Die Falte trägt eine unendliche Verborgenheit in sich, aber offensichtlich, als Faltenwurf, ähnlich wie die Schlange als *Ouroboros* ein unendliches Wandlungsgeschehen in sich trägt, aber als ruhige stetige Kreisbewegung. Und wieder sind wir beim Geheimnis der barocken Allegorie, die zwar immer auf etwas anderes verweist, dieses Andere ist aber nicht bloßes Gegenteil, sondern das Andere seiner selbst.

Salzburg ist als vorwiegend barocker Stadtkörper ein einziger Faltenwurf: geografisch, architektonisch, kulinarisch. Mehr als andere Städte, oder vielleicht sichtbarer als in anderen Städten. In diesem Übermaß der gewellten Linie sind Gefahr und Erhabenheit der Schlange genauso sicher versteckt wie das Wunder der Allegorie: die Schlange verborgen in der Schlange!

Das Geheimnis des Kontinuums der Materie und das Geheimnis der Freiheit der Seele seien nicht „auf geradlinigen

Salzburgs Nockerl...

Wegen" zu finden, schreibt Deleuze, sondern müssten in der „Neigung der Seele" und der „Krümmung der Materie" entdeckt werden. Dem Geheimnis der Seele und dem der Materie kommen wir mäandernd am ehesten auf die Spur. Wir müssen uns auf die Schlange(nlinie) einlassen, wenn wir dem Mysterium näherkommen wollen und wir ahnen, dass Canettis Wort ebenso umgekehrt gilt: Auch Gott hat die Schlange bis heute nicht verraten.

Franziskanerkirche

MÖNCHSBERG

MARKUS KIRCHE

HAUS DER NATUR

KAIPROMENADE
FRANZ JOSEF KAI
MUSEUMSPLATZ

GSTÄTTENGASSE

ANALIE
REDLICH TURM

5

MUSEUM WC
DER
MODERNE
AUFZUG

GSTÄTTENGASSE

MARIEN BRUNNEN

ANTON NEUMAYR PLATZ
GRIES
MÜNZGASSE

SKYSPACE

GSTÄTTENGASSE
BÜRGER
SPITALKIRCHE

Museum der Moderne

MOZARTSTEG

PROMENADE KAIPROMENADE
FRANZ JOSEF KAI FRANZ JOSEF KAI FRANZ J. KAI

MARKO FEINGOLD STEG

KAIPROMENADE KAIPROMENADE

GRIESGASSE GRIESGASSE GRIESGASSE

BADERGÄSSCHEN STERNGÄSSCHEN GETREIDEGASSE GETREIDEGASSE

ein großes weißes Urtier

Lässt man den Blick von hier oben, direkt vor dem Museum der Moderne, über die Dächer schweifen, ist es doch immer zuerst die Helligkeit, dieses flächige Weiß der Stadt, das zumindest mich beeindruckt. Salzburg kommt mir aus dieser Perspektive wie ein großes weißes Urtier vor, das sich Aufsehen erregend zwischen den Stadtbergen niedergelassen hat. Dieses eigentümliche Bild schiebt sich jedes Mal noch vor den offensichtlichen Zauber des Salzburger Stadtpanoramas.

Herman Melville hat der Farbe Weiß in seinem berühmten Roman *Moby Dick* ein ganzes Kapitel gewidmet. Sein Erzähler Ismael denkt bei Weiß nicht an Unschuld oder Kaiserwürde. In ihm ruft die farbloseste und gleichzeitig allfarbigste aller Farben in ihrer „tiefgründigsten, idealisierten Bedeutung eine eigentümliche Erscheinung in der Seele hervor". In etlichen Variationen beschreibt Melville die Unheimlichkeit und Todesnähe der Farbe Weiß, ihre ungreifbare Gewalt und ihr bleiweißes Nichts. Weiß ist für ihn Faszination und Schrecken und kulminiert in der unheimlichen Allgegenwart des weißen Wals, der als unwägbare Urgewalt jederzeit aus dem Ozean auftauchen kann.

Dass Salzburg hier demnächst als wilde Naturgewalt aus der Tiefe hervorbrechen wird, ist kaum zu erwarten. Dennoch unterhält die Stadt in ihrer weißen steinernen Festlichkeit nicht ganz zufällig eine unterirdische Konstellation mit der gefährlichen und überwältigenden Majestät Moby Dicks. Auch Salzburg hat seine große, unheimliche, gewissermaßen „weiße" Figur, die gefährlich und unberechenbar jederzeit auftauchen und die Welt in Lust und Schrecken versetzen kann. Salzburg ist mit ihr als Geburtsstadt desjenigen Komponisten verbunden, der sie 1787 zu immerwährendem Ruhm geführt hat.

> „Mit seinem Don Juan tritt Mozart in die kleine unsterbliche Schar jener Männer ein, deren Namen, deren Werke die Zeit nicht vergessen wird, da die Ewigkeit sich ihrer erinnert."

Salzburg hat Mozarts *Don Giovanni.* Auch er ein Unzähmbarer, der von seinem steinernen Gegenspieler ebenso unerbittlich verfolgt wird wie Moby Dick von Captain Ahab.

Die Figur des *Don Juan* eroberte, ähnlich wie *Faust* und *Jedermann,* Anfang des 17. Jahrhunderts im Stil mittelalterlicher Mysterienspiele die spanische Bühne. Als der Stoff 150 Jahre später bei Mozart über seinen Librettisten Lorenzo Da Ponte ankam, hatte das Thema bereits mehrere Bearbeitungen erfahren, unter anderem von Molière und Gluck. Don Giovanni ist der adlige Verführer, dessen grenzen- und rücksichtsloser erotischer Appetit sich über alle Standes- und Geschmacksgrenzen hinwegsetzt und dessen von höheren Mächten veranlasste Höllenfahrt als die einzige Möglichkeit erscheint, sich des reuelosen Dionysikers zu entledigen.

Weiß ist die Farbe des Adels zu dieser Zeit. Seit im 16. Jahrhundert, ausgehend von Venedig, die Nadel- und Klöppelspitze ihren Siegeszug antrat und lange Zeit wertvoller als Gold gehandelt wurde, prägte sie das modische Bild der Oberschichten in der Renaissance und im Barock. Spitze war

„Ho già risolto." II/XV

Kokon aus filigranen

Krägen, Bordüren,

Ärmelbündchen,

Taschentüchern und

Kniebundverzierungen

kostbar, aufwändig herzustellen und von einer solchen Delikatesse und Feinheit, dass Adel und Klerus schier besessen waren von dem weißen Gold. Man muss sich Don Juan, so wie er damals die Bühnen eroberte, als Mann der feinen Spitze vorstellen, als einen, der die Damenwelt in diesen Kokon aus filigranen Krägen, Bordüren, Ärmelbündchen, Taschentüchern und Kniebundverzierungen lockte und sie anschließend mit einem kongenialen Netz aus feingewobener Rede und zarter Verführung gekonnt überwältigte.

Sollte an dieser Stelle erwähnt werden, dass das Vorbild des ursprünglichen Don Juan womöglich Don Juan de Austria war? Jener Don Juan, der als Befehlshaber der spanischen Flotte 1571 die Osmanen in der berühmten Schlacht von Lepanto besiegte? Und dass dieser begabte Jüngling ein Spross Kaiser Karl V. war, den jener außerehelich mit der schönen Regensburgerin Barbara Blomberger zeugte und später am spanischen Hof erziehen ließ?
In Don Juan de Austria verschwimmen die Grenzen der Geschichte(n). Er ist Ahab und Don Juan gleichzeitig, er kämpft gegen die „weiße fremde Macht" der Osmanen und findet ein frühes Ende mit glorreichem Nachruhm, er ist mögliches Vorbild für ein Bühnenstück von ungeheurer Wirkung und zugleich selbst eine fast mythische Figur.
Tirso de Molina, der spanische Autor des ersten Bühnenstücks 1624, war vermutlich selbst der uneheliche Sohn eines hohen Adeligen, wurde aber, im Gegensatz zu Don Juan de Austria, von seinem Vater verleugnet. Gut vorstellbar, dass Tirso einerseits aus Rache an seinem Vater ein Stück schrieb, in dem ein adeliger Wüstling sein Unwesen treibt und dass er

andererseits Don Juan de Austria als Alter Ego seiner selbst ein faszinierendes Denkmal setzen wollte.

Don Juan ist eine Geschichte von maßlosem Freiheitsdrang und beinharter Begrenzung. Mozart hat den ewigen Kampf der befreienden und limitierenden Kräfte in seiner Musik beinahe parabelhaft vorgeführt, als Annäherung an die größtmögliche Rauschhaftigkeit unserer Existenz, die innerhalb einer apollinischen Rahmung denkbar ist. Nietzsche schreibt in der *Geburt der Tragödie,* dass von

> „dem dionysischen Untergrunde der Welt, genau nur so viel dem menschlichen Individuum ins Bewusstsein treten [darf], als von jener apollinischen Verklärungskraft wieder überwunden werden kann".

Mozart findet für das Dionysische Don Juans eine musikalische Sprache, die diesem so sehr entspricht, dass er in all seiner Fulminanz und Rücksichtslosigkeit vollständig präsent und zugleich völlig verwandelt ist. Diese doppelte Wirkung legte Mozart bereits in der musikalischen Konzeption der Oper an. Einmal folgt er dem Libretto Da Pontes, in dem Don Giovanni vom Verführer zum Verdammten mutiert. In der Ouvertüre aber beginnt Mozart mit der Verdammung und endet nach feiner und komplexer Durchdringung beider Ebenen mit leichtfüßigen, tanzenden und festlichen Klängen. Diese Anlage der Oper erlaubt es uns, *Don Giovanni* auch rückwärts zu hören, quasi vom Versteinerten ins Flüssige, ins Sinnliche, in die Welt hinaus. Don Juan fährt zur Hölle und steigt aus der Tiefe immer wieder auf. Mozart lässt uns hier auf etwas

unbedingt anhören!

stoßen, das *Don Giovanni* unverfälscht und ungeschönt vorführt: Unwiderstehlichkeit. Wunschkraft.

> *„Das richtige Wünschen hingegen ist eine große Kunst, oder besser, es ist eine Gabe. Das ist das Unerklärliche und Geheimnisvolle am Genie gleichwie an einer Wünschelrute, die auch nie auf den Einfall kommt zu wünschen, außer wo das ist, was sie wünscht."*

Dieser wunderbare Gedanke, dass das wirkmächtigste Wünschen und Begehren sich nicht auf etwas bezieht, was <u>nicht</u> da ist, sondern dass es eine Kraft ist, die genau dann zugreifen kann, wenn auch etwas zu wünschen <u>da</u> ist, ist unwiderstehlich und drückt vielleicht die tiefe Seelenverwandtschaft zwischen Mozart und seinem Sujet aus. Zugleich gibt der Gedanke eine Ahnung davon, warum Mozarts Musik, unberührt von jeder Abnutzung, seit Jahrhunderten nicht nur die Kenner verzaubert. Ihre Unwiderstehlichkeit äußert sich beim Hören mitunter in einer unbezwingbaren inneren Tanzlust und der ganz leibhaftigen Empfindung, augenblicklich zum Leben erwacht zu sein. Nichts kann sich an diese Musik heften, sie ist unbenutzbar für alles Zweckhafte, unverfügbar, geschützt. Beim Hören von Mozarts Musik passiert etwas Erstaunliches: Man betritt einen angstfreien Raum, in dem alles genau dort ist, wo es hingehört. Man stellt sich nicht einmal vor, dass es auch anders sein könnte.

> *„Ein mildes Frohlocken – die sanfte Macht der Ruhe bei aller Geschwindigkeit umgab den dahingleitenden Wal."*

Man betritt einen

angstfreien Raum,

in dem alles genau

dort ist, wo es hingehört

Diese unglaubliche, im buchstäblichen Sinne gliederlösende Befreiung wird auch in Mozarts Briefen, insbesondere den herrlichen und beinahe dadaistisch anmutenden Ausbrüchen seiner vielgeschmähten *Bäsle-Briefe*, spürbar:

> „warum nicht? - - was - - warum nicht? - - Warum soll ich sie nicht schicken? – warum soll ich sie nicht übersenden? - - warum nicht? - - Curios! ich wüste nicht warum nicht? - - Nu, also, diesen Gefallen werden sie mir thun; - - warum nicht? - - warum sollen sie mirs nicht thun? - - warum nicht, Curios! ich thue ihnens ja auch, wenn sie wollen, warum nicht? - - warum solle ich es ihnen nicht thun? - - Curios! Warum nicht? - - ich wüste nicht warum nicht? - -

Im fröhlichen Überwältigt-Werden von den „Lustwirkungen des Unsinns" offenbart uns Mozart eine weitere Quelle seiner Empfänglichkeit für das Unverfügbare.

Der dänische Philosoph Søren Kierkegaard, der überschwänglich und verliebt behauptet, alles von Mozart, insbesondere von dessen *Don Giovanni* gelernt zu haben, vergleicht diesen mit der flutenden Bewegung des Ozeans:

> „So ist auch Don Juan ein Bild, das zwar immer wieder erscheint, aber niemals Gestalt und Konsistenz gewinnt, ein Individuum, das immerfort sich bildet, aber niemals fertig wird, von dessen Geschichte man nichts anderes erfährt, als wenn man dem Getöse der Wogen lauscht."

Mozart und sein *Don Giovanni* beherrschen die Kunst, ein unendlich beschriebenes und gleichzeitig immer wieder unbeschriebenes Blatt zu sein. Weiß. Ganz ähnlich der Wachstafel, die Freud „Wunderblock" nennt und auf der alles jemals Geschriebene gewissermaßen im Material gespeichert bleibt und gleichzeitig immer wieder überschrieben werden kann.

Wenn Sie sich jetzt dem Museum der Moderne mit seiner weißen Fassade zuwenden, werden Sie vielleicht bemerken, dass dieses selbst ein wenig einem solchen Wunderblock gleicht. Da ist das Weiß der Verkleidung aus hellem Untersberger Marmor, die feingekörnte Oberfläche wie leicht gekräuseltes Wellenrauschen, die rhythmisch gesetzten, vertikalen Lüftungsschlitze, berechnet nach Notenwerten aus den Arien im *Don Giovanni*. Und da ist – noch einmal – in der Arbeit von Lawrence Weiner das Zusammenspiel von innen und außen, das die Doppelbewegung des beherzten Wünschens auf eine entwaffnende Formel bringt. Wie die komplizierten Muster in den Spitzenstoffen ist die Oper in dieser Fassade zwar sichtbar, aber verschlüsselt. Don Giovanni, die große weiße Urkraft, bleibt Enigma,

> *„ein erregendes Flimmern, das halb Charme, halb Verzweiflung ist."*

So wollen wir es haben.

1841 sollte in Salzburg das erste Mozart-Denkmal errichtet werden. Als man dafür das Fundament ausheben wollte, stieß man auf verschiedene römische Mosaike, unter anderem eine

Darstellung des antiken griechischen Flussgottes Acheloos. Seine Kultstätte war das älteste griechische Orakel Dodona, nahe Ioannina, ein Ort, der Johannes dem Täufer geweiht war. San Juan.
Acheloos konnte jederzeit seine Gestalt und seinen Verlauf ändern und verwandelte sich im Kampf mit Herakles erst in eine Schlange, dann in einen Stier und brachte dabei das berühmte „Füllhorn", eines der festlichen Attribute des griechischen Weingottes, in Umlauf. Dionyuan.

Statt nur Denkmal zu werden, fördert Mozart einen Quellgott zutage, der besser zu ihm passt. Die fluide Gestalt des Acheloos führt uns zurück zum Fluss des Vergessens, dem wir am Anfang schon einmal als Ignota-Igonta begegnet sind und der auf seine Weise das Wesen Don Juans spiegelt. Auch seine ewige Gratwanderung an der Grenze zur Unterwelt. Dieser Grenzfluss ist von hier oben endlich auch einmal als schön geschwungene S-Linie zu sehen. Und noch eins verbindet Mozart mit dem antiken Flussgott: Auch er kann über seinen Namen die Gestalt wechseln.

MOZART

ZART   TOR   MORT   ZAR

AMOR   OM

OZ   ART   ARZT

Wie seine Figuren verweigert sich Mozart der Aneignung. So bezeugt er selbst im Fluss seines Namens eine Mehrdeutigkeit, die nicht aufgelöst werden muss, sondern gezeigt werden will.

> *„nua ka schmoez how e xogt!*
> *nua ka schmoez ned"*

Danke H.C. Artmann, gewiss, es ist ein schmaler Grat … aber wir kommen jetzt eh' zum Ende.

Alles begann mit Moby Dick und seinem unheimlichen Weiß, das Ahab in den Wahnsinn treibt. Zum Schluss sind wir so weit, dass sich all das unirdisch Mensch-und-Tierhafte wie eine schützende Decke über allzu viel Sichtbarkeit legt. Und als wüsste er um all die geheimen Bande dieser verwobenen Geschichten aus Salz und Spitze und Musik, und als fände auch er, dass nicht alles verraten werden sollte, schreibt D.H. Lawrence im Nachwort zu *Moby Dick*:

> *„Der Himmelsvogel, der Adler, der Johannesvogel [...]*
> *er geht mit dem Schiff unter [...] Der Adler des Geistes.*
> *Versenkt!"*

Wir aber können nicht aufhören, den Roman zu lesen, wir wollen die Oper immer wieder hören. Stets aufs Neue entfalten die fein gewobenen Geschichten ihre literarische und musikalische Kraft. Einst warnte Melville seine Nachbarin vor dem allzu grob gesponnenen Seemannsgarn seines *Moby Dick*, das kein Stück feiner Seide für die Seele, sondern ein raues Tau sei. Wenn man aber weiß, dass solch grobe Taue in der Regel um eine innere Faser geflochten werden, „Seele" genannt, dass die Mitte des Seils also leer bleibt, dann könnte auch ein zwar derbes, aber gut geflochtenes Tau dieser Leserin genau den richtigen Freiraum geben, der Erzählung unendlich folgen zu wollen.

Rilke beschreibt die Faszination für den verarbeiteten (Erzähl)-Faden in den *Aufzeichnungen des Malte Laurids Brigge* anhand des feineren, vielleicht donjuaneskeren Gespinstes der Spitzen, bei dem die „Seele" eher in den Aussparungen steckt. Wir wollen hier mit Rilkes Eindrücken enden, die so sehr dem Hören von Geschichten ähnelt:

> *„Aber ich wurde auch ganz aufgeregt, wenn die Spitzen zum Vorschein kamen. Sie waren aufgewunden auf eine Holzwelle, die gar nicht zu sehen war vor lauter Spitzen. Und nun wickelten wir sie langsam ab und sahen den Mustern zu, wie sie sich abspielten, und erschraken jedes Mal ein wenig, wenn eines zu Ende war. Sie hörten so plötzlich auf."*

Museum der Moderne

Zitate und Anmerkungen

Mirabellgarten

S. 17 nicht ganz von dieser Welt: Die Formulierung bezieht sich auf einige Stellen im Johannesevangelium, unter anderem 18,36: „Mein Reich ist nicht von dieser Welt."

„Mirabell": zusammengesetzt aus dem italienischen *mirabile* und *bella*, „bewundernswert" und „schön".

S. 19 „Lieb ist Laydes Anfangkh – über kurz oder langkh": Im Jahr 1905 fand man den Spruch, den Wolf Dietrich von Raitenau während seiner Haft im Palas der Burg Hohenwerfen in die Wand geritzt hatte und der bei einem Brand 1931 zerstört wurde: „Gibt in der Welt vil Trug/ Tue recht und fürcht die Lug/ Damit ward ich betrogen/ Ich tat recht und ward belogen/ Lieb ist Laydes Anfangkh/ über kurz oder langkh." Auf salzburg-burgen.at findet man zu diesem Fund eine Comic-Strecke.

„Denn das Schöne ... uns zu zerstören": Diese Zeilen schrieb Rainer Maria Rilke in seiner *Ersten Duineser Elegie* auf Schloss Duino in der Nähe von Triest.

S. 21 „Bedenkt man nun ... durch den Raum bewegen kann": 1966 hielt Michel Foucault bei France Culture einen Radiovortrag über *Die Heterotopien/Les hétérotopies*, der später bei Suhrkamp herausgegeben wurde, S. 15.

S. 24 „simultaner Wirklichkeiten ... nicht-hierarchischen Gesellschaft sind": 1999 kamen die Künstler Lawrence Weiner, John Baldessari und Liam Gillick mit der Kuratorin Beatrix Ruf in einem Hotel im Engadin zum Gespräch zusammen. Heraus kam das Buch *Again the Metaphor Problem and Other Engaged Critical Discourses about Art*, S. 116.

Hotel Bristol

S. 34 „ig": Die Informationen zu den keltischen Namen und Endungen stammen aus dem Artikel *Neuinterpretation alter Flussnamen in Salzburg* von Univ.-Prof. Dr. Karl Forstner. Ich habe ihn im Internet gefunden unter: https://www.zobodat.at/pdf/MGSL_144_0011-0023.pdf, S. 18-21. Wer sich näher für die Geschichte der alten Flussnamen interessiert, erfährt hier viel.

Aigonz ... chorzta: Die Informationen zur *Lingua ignota* der hl. Hildegard von Bingen stammen aus der Biografie *Hildegard von Bingen* von Eberhard Horst, S. 183.

S. 35 „in welchem der eigenständige Wert ... wie auf der Realitätsebene": Die frühfeministischen Überzeugungen Hildegards findet man ebenfalls bei Eberhard Horst, *Hildegard von Bingen*, S. 51.

„Dem König aber gefiel es ... damit sie nicht sinke": Auch dieses selbstbewusste Statement kann man in der *Hildegard*-Biografie von Eberhard Horst nachlesen. Hildegard platziert es in einem Brief an Papst Eugen III., es ist in Horsts Biografie auf S. 11 dem ersten Teil vorangestellt.

S. 37 wenn vorausschauende Stimmen ... Nonne vom Rupertsberg: Voll dunkler Ahnung und handfester Empörung schrieb die hl. Hildegard einst an den Kölner Klerus:

„Ihr seid Nacht, die Finsternis aushaucht [...] Und wegen eures ekelhaften Reichtums und Geizes sowie anderer Eitelkeiten unterweist ihr eure Untergebenen nicht [...] Deshalb wird eure Ehre schwinden und die Krone euch von eurem Haupte fallen."
https://www.kath.ch/newsd/zwoelf-eigenwillige-toechter-gottes-hildegard-von-bingen-kritisierte-den-klerus-scharf

„Ihr seid das Salz der Erde": Mt 5,13. aus dem Kapitel: *Vom Salz der Erde und vom Licht der Welt*.

S.39 „Das ist bei uns so in Bingen ... Dichterin geworden": Sichtlich stolz auf die berühmte Tochter Bingens knüpft Stefan George heimatliche Verbindungen zur hl. Hildegard. Auch das berichtet Eberhard Horst in seiner *Hildegard*-Biografie, S. 186.

S.40 „Das Unbewusste entlässt uns nie": Ich weiß nicht mehr, wo ich diesen schönen Satz gehört habe, entweder in dem Podcast *Lacast* mit Rolf Nemitz und Florentin Will oder im Gespräch mit Stefan Schessl über Lacan. Wahrscheinlich stimmt beides.

S.41 Arno Schmidt verortet den Großteil ... und dessen Ehefrau zusammentraf: Arno Schmidt hatte eine höchst eigenwillige Interpretation von *Finnegans Wake*. Er kannte James Joyces Bruder Stanislaus Joyce und hatte einen familiengeschichtlichen Blick auf die Anlage des Romans. Für Schmidt war *Finnegans Wake* eine genial verklausulierte Schmähschrift des älteren an und über den jüngeren Bruder. Zu finden in seinem Essay *Das Geheimnis von Finnegans Wake*.

S.43 "I can psoakoonaloos myself anytime I want to": Zitat aus *Finnegans Wake*, S.522.

"Here comes everybody": Zitat aus *Finnegans Wake*, S.32.

S.45 "mother and daughter, river and cloud": Seamus Deane im Vorwort zu *Finnegans Wake*, xxxiii.

„Über das farbige Licht der Doppelsterne": Die Schrift, mit der Christian Doppler berühmt wurde, kann man hier einsehen: https://www.digitale-sammlungen.de/de/view/bsb10874272?page=8,9

Sebastiansfriedhof

S.60 das Leben mit dem Tode vertauschte: Die Inschrift auf der Gedenktafel für Paracelsus im Eingangsbereich des Sebastiansfriedhofs lautet: „Im Jahre 1541, am 24. September, vertauschte er das Leben mit dem Tode."

„unlösbare[n] Einheit ... theologischer Praxis": Das Zitat stammt aus dem Artikel *Paracelsus und Salzburg* von Peter F. Kramml, S.3.
https://www.stadtsalzburg.at/fileadmin/landingpages/stadtgeschichte/paracelsus/paracelsus_und_salzburg_de_00471470.pdf

„Der Beruf des Arztes ... sie besser zu machen": Dieser Gedanke stammt aus der Einführung von Jolande Jacobi in: *Paracelsus, Arzt und Gottsucher der Zeichenwende*, S.33: „Denn die Schöpfung und alles, was zu ihr gehört, wurde von Gott in noch unvollendetem Zustand ins Werk gesetzt. Sie wurde dem Menschen überantwortet, damit *er* sie vollende."

S. 61 „Wenn du die Welt verlässt … verlasse eine gute Welt": Der Gedanke stammt aus einem Gespräch, das zwischen Peter Stein, Gert Voss und dem damaligen Domkapitular Johannes Neuhardt 1995 stattgefunden hat und in *Jedermann darf nicht sterben* von Andreas Müry abgedruckt ist. Neuhardt bringt diesen Gedanken als „Gegenposition zum ‚Jedermann'".

S. 64 „Essen ist nicht … des Leibes": Gernot und Hartmut Böhme haben eine sehr lesenswerte *Kulturgeschichte der Elemente* geschrieben und Paracelsus (wie übrigens auch Hildegard von Bingen) darin einige Kapitel gewidmet.

„Doch nicht du … in mich verwandeln": … eine unglaublich verdichtete Formel für das eucharistische Ereignis. Der große Kirchenlehrer Augustinus hatte diese Vision vor seiner Bekehrung zum christlichen Glauben und hat sie in seinen *Bekenntnissen* festgehalten, Confessiones VII 10,16.

S. 65 „Was in der Eucharistie … und jeweils umgekehrt": Dieses Zitat stammt ebenfalls aus der *Kulturgeschichte der Elemente* der beiden Böhme-Brüder, S. 208. Wesensverwandlung (Transsubstantiation) ist hier gemäß Paracelsus das universelle Prinzip der göttlichen Natur. Wunder wie das der christlichen Wandlung sind unter solchen Voraussetzungen nur unter einem verengten Blick auf Welt und Kosmos ausgeschlossen, bei Paracelsus sind sie integraler Teil der Wirklichkeit.

S. 66 „daß der Akt, Papier … an die Zukunft darstellt": Robert Harrisons Buch über *Die Herrschaft des Todes* ist ein fulminanter Ritt durch die unterschiedlichen Kulte, wie sich Menschen ihrer Verstorbenen erinnern und damit einen Schwellenbereich zwischen den Sphären der Lebenden und der Toten schaffen, S. 35

Indem … leidenschaftlichen und sterblichen Natur: Umformulierung des Originalzitats von Robert Harrison aus *Die Herrschaft des Todes*: „Indem das köstliche Rund der Wunde der Sterblichkeit selbst einen Geschmack verleiht, behaust oder beherbergt sie auch noch die trostlosesten Arten der Trauer", S. 35.

S. 67 „Anerkennung … sterblichen Natur": ebd.

Max-Reinhardt-Platz

S. 74 „Schiller ging es zeitlebens … verdient gemacht hat": Diese kleine Anekdote erzählt Rolf Schneider in seiner Rezension des Buches *Schiller und die Politik* von Walter Müller-Seidel 2009. https://www.deutschlandfunkkultur.de/herrschaft-und-freiheit-100.html

„Übungsgelände der Freiheit": Kurzformel des Schiller'schen Theaterbegriffs, den Rüdiger Safranski in seiner großen Schiller-Biografie einführt. *Schiller oder die Erfindung des dt. Idealismus*, S. 411.

S. 75 „Indem es mit Ideen … weil es leicht wird": Diesen einflussreichen Gedanken entwickelt Schiller in seiner immer noch aktuellen philosophischen Abhandlung *Über die ästhetische Erziehung des Menschen in einer Reihe von Briefen*, S. 120.

„Probebühne … Ernstfall": In einem begeisterten Gespräch zwischen Rüdiger Safranski und Alexander Kluge über Schiller ist auch die Bedeutung seines Theaterbegriffs Thema. *Die wilde Seele – Rüdiger Safranski über Friedrich Schiller* (dctp.tv): https://www.youtube.com/watch?v=Vm-jDUyDp6M

S.78 „Jede Gurke ist ... ähnlich den Menschen": Dieses Zitat von Erwin Wurm ist auf der Tafel neben dem Kunstwerk zu lesen. Die *Gurken* sind eine Leihgabe aus der Sammlung Würth, die in Kooperation mit der Salzburg Foundation mehrere Arbeiten aus ihrer Sammlung für den *Walk of Modern Art* zur Verfügung stellt. In diesem Buch kommen neben den *Gurken* von Erwin Wurm auch *Caldera* von Tony Cragg, *A.E.I.O.U.* von Anselm Kiefer und *Mozart – Eine Hommage* von Markus Lüpertz vor.

„Fanatisierung des Wirklichkeitswillens": ... auch ein Zitat aus dem Interview, das Alexander Kluge mit Rüdiger Safranski geführt hat: *Die wilde Seele – Rüdiger Safranski über Friedrich Schiller* (dctp.tv)

S.83 „Hauptpatron der Kreuzfahrer und Pilger aller Art": Johannes Glötzner hat über den Heiligen in seinem Heft *Onuphrius. Patron der Stadt München und der Hermaphroditen* viele aufschlussreiche Geschichten zusammengetragen, S. 6.

S.84 „passende Ehepartner": Glötzner zitiert die sizilianische und die bairische Variante des Stoßgebets an den Heiligen: *Santu Nofriu lu Pilusu/ io vi pregu di qua ghiusu/ Vui `na grazia mi duviti fari/ un maritu m'aviti a truvari – Heiliger haariger Onufri/i bitt di dahie//huif du mir doch gschwind/daß an Mo boid i find!*, J. Glötzner, *Onuphrius*, S. 29.

„Anchora Santo Nofrio ... a la Sua vergogna": Auch dieses schöne Bild entstammt der Broschüre von Johannes Glötzner, *Onuphrius*, S. 27.

S.86 „Zumeist bleiben Monumente ... einen Wandertrieb in sich haben": aus dem Salzburger Volksblatt vom 8. Mai 1937. Der Artikel trägt den Titel *Der Salzburger Fischbrunnen*.

S.87 „daß die geheimsten ... heimlich in ihm wacht": Michel Foucault in seinem Buch *Über Hermaphroditismus*, S. 11.

„Festspieler": So nennt Reinhard Kriechbaum Peter Simonischek in einem Porträt des Schauspielers „Festspieler schlechthin" vom 09.08.2016 in DrehPunktKultur. http://www.drehpunktkultur.at/index.php/im-portraet/9986-festspieler-schlechthin

„Und wenn der Mensch ... wie ich leide": Johann Wolfgang von Goethe, *Torquato Tasso*, 5. Akt, 5. Szene.

Franziskanerkirche

S.92 „Die Tiere! Die Tiere! ... zur Probe gern wärest": *Über Tiere* von Elias Canetti ist ein großartiges Kompendium von Textstellen aus seinen Schriften, in denen es sich um die von ihm geliebten Tiere dreht, S. 91.

S.94 „unkorrumpierten Schöpfungszustand": aus Regina Haslingers Beitrag *Die Erinnerung der Kunst an das Tier* im Katalog zur gleichnamigen Ausstellung in der Städtischen Galerie Karlsruhe: *Herausforderung Tier*.

S.95 „Gott selbst ... die Treue gehalten": Elias Canetti: *Über Tiere*, S. 10.

„Mach dir eine Schlange ... wenn er sie ansieht": aus dem vierten Buch Mose, Num 21,8.

S. 99 „das Untier der Angst verspeisen": aus einer Predigt von Prof. Klaus Müller, Uni Münster. https://www.uni-muenster.de/FB2/philosophie/predigten/mu_b_christus.html

„Denn die Schlange ist nicht … von neuem weiter dauert": Dieses Zitat ist in Aby Warburgs großartigem Reisebericht zu den Schlangenritualen der Hopi zu finden. Aby Warburg: *Schlangenritual*, S. 48.

S. 101 „der Gegensatz zu … unserer Existenz als Lüge": John Burnside, *Über Liebe und Magie – I put a spell on you*, S. 41.

S. 103 „dass die glücklichsten Intuitionen … Schätze in Sicherheit sind": Luisa Muraro, *Der Gott der Frauen*, S. 62–64.

S. 104 Abbildung der Lines of Beauty: William Hogarth, *Analyse der Schönheit*, Faltkarte zw. S. 208 und S. 209.

„Denn gewundene Linien … wie der Grazie": Hogarth zitiert hier Michelangelo, in: William Hogarth, *Analyse der Schönheit*, S. 16.

S. 106 „Der Barock verweist … unaufhörlich Falten": Gilles Deleuze, *Die Falte. Leibniz und der Barock*, S. 11.

S. 107 auf geradlinigen Wegen … Krümmung der Materie: Gilles Deleuze, *Die Falte. Leibniz und der Barock,* S. 12.

Museum der Moderne

S. 114 „tiefgründigsten … in der Seele hervor": Herman Melville im zweiundvierzigsten Kapitel seines Romans *Moby Dick*, das den Titel trägt: *Die Weiße des Wals.*

S. 115 „*Mit seinem Don Juan tritt … sich ihrer erinnert*": Dies schrieb Søren Kierkegaard, der ein glühender Bewunderer Mozarts und seines *Don Giovanni* war, im zweiten Teil seines Buches *Entweder – Oder* über *Die unmittelbaren erotischen Stadien oder das Musikalisch-Erotische.*

S. 117 „Sollte an dieser Stelle erwähnt … Don Juan de Austria": Auf Don Juan de Austria hat mich Holger Scheidt gebracht, der damals gerade die wunderbare *Mittelmeer*-Trilogie von Fernand Braudel las.

„Tirso de Molina … Sohn eines hohen Adeligen": Die Informationen zu Tirso de Molina und seinem Leben habe ich aus dem detailreichen und äußerst lesenswerten Buch *Die Geschichte Don Giovannis* von Friedrich Dieckmann, hier vgl. S. 20–22.

S. 118 „dem dionysischen Untergrunde der Welt … überwunden werden kann": Das Zitat von Friedrich Nietzsche aus der *Geburt der Tragödie*, S. 150, schickte mir Michael Hofstetter.

S. 119 „Das richtige Wünschen … was sie wünscht": Auch dieses Zitat von Kierkegaard stammt aus dem Kapitel über *das Musikalisch-Erotische* und ist vielleicht die beste Erklärung dafür, was Kierkegaard mit der „sinnlichen Genialität" Don Giovannis meint. *Entweder – Oder*, S. 60.

„Ein mildes Frohlocken … dahingleitenden Wal": Aus dem Kapitel *Die Jagd – Erster Tag*. Wir sind schon ziemlich am Ende des Romans und der weiße Wal zeigt sich noch einmal in seiner ganzen Schönheit. *Moby Dick*, S. 817.

S. 122 „warum nicht? - -_warum nicht?": Mozarts *Bäsle-Briefe* bekommt man als kleines Reclam-Heft mit einem schönen Kommentar von Juliane Vogel, S. 10.

„Lustwirkungen des Unsinns": Im Kommentar von J. Vogel ist u.a. auch von Freud die Rede und seinem Aufsatz *Der Witz und seine Beziehung zum Unbewussten*, in: *Die Bäsle-Briefe*, S. 65.

„So ist auch Don Juan … Getöse der Wogen lauscht": ein weiteres Zitat von Søren Kierkegaard aus seinem philosophischen Hauptwerk *Entweder – Oder* im Kapitel über *das Musikalisch-Erotische*.

S. 123 Ganz ähnlich der Wachstafel … überschrieben werden kann: Auf die Analogie mit dem Wunderblock brachte mich Sigmund Freuds Aufsatz *Notiz über den Wunderblock*.https://www.textlog.de/freud/aufsaetze/notiz-ueber-den-wunderblock

„ein erregendes Flimmern … Verzweiflung ist": Ortega y Gasset hat in seinem Essay *Einführung zu einem Don Juan Buch* unter anderem geschrieben, dass Don Juan eine universale, darin aber durch und durch spanische Figur ist, die *wie das Herz unseres Volkes aus lauter Gegensätzen gemacht* ist, in: Don Juan, herausgegeben von Brigitte Wittmann, S. 15.

S. 126 „nua ka schmoez … ka schmoez": H.C. Artmann lebte von 1972 bis 1995 mit Unterbrechungen in Salzburg. Die Zeilen stammen aus seinem Gedichtband *Med ana schwoazn dintn*. Viel gäbe es über Artmann zu sagen, er selbst sagte einmal über sich: „Ich bin ein barocker Mensch, was soll ich tun."
(https://www.deutschlandfunkkultur.de/h-c-artmann-ich-bin-ein-barocker-mensch-was-soll-ich-tun-100.html)

„Der Himmelsvogel … Versenkt!": Zitat aus dem Kommentar *Herman Melvilles Moby Dick* von D.H. Lawrence, S. 890. Lawrence war von Melville inspiriert und hat viel dazu beigetragen, dass dieser im 20. Jahrhundert als literarische Größe wiederentdeckt wurde.

S. 127 Einst warnte Melville … ein raues Tau sei: Die Anekdote stammt aus einem Podcast des Bayerischen Rundfunks, einer Sendung über Herman Melvilles *Moby Dick*: https://www.br.de/mediathek/podcast/radiowissen/herman-melville-moby-dick-1/1676761

„Aber ich wurde auch ganz aufgeregt … hörten so plötzlich auf": Monika Thonhauser zitiert aus Rilkes *Aufzeichnungen des Malte Laurids Brigge* in: *Textile Landschaft Salzburg. Spitzenhafter Luxus und tägliches Brot*, V.

Literaturverzeichnis

ARTMANN, H.C.: Med ana schwoazzn dintn. 10. Aufl. Salzburg: Otto Müller Verlag GmbH, 2009.

AUGUSTINUS: Confessiones. Bekenntnisse. Lateinisch/Deutsch. Stuttgart: Philipp Reclam jun. GmbH & Co., 2009.

BARBIN, HERCULINE; FOUCAULT, MICHEL: Über Hermaphroditismus. Herausgeben von Wolfgang Schäffner und Josef Vogl. Frankfurt am Main: Suhrkamp Verlag, 1998.

BECHTLER, CHRISTINA (Hg.): Again the metaphor problem and other engaged critical discourses about art. A conversation between John Baldessari, Liam Gillick and Lawrence Weiner, moderated by Beatrix Ruf. Wien: Springer-Verlag and Authors, 2007.

BÖHME, GERNOT; BÖHME, HARTMUT: Feuer, Wasser, Erde, Luft. Eine Kulturgeschichte der Elemente. München: C.H. Beck'sche Verlagsbuchhandlung, 1996.

BURNSIDE, JOHN: Über Liebe und Magie. I put a spell on you. München: Penguin Random House Verlagsgruppe, 2021.

CANETTI, ELIAS: Über Tiere. Mit einem Nachwort von Brigitte Kronauer. München Wien: Carl Hanser Verlag, 2002.

DELEUZE, GILLES: Die Falte. Leibniz und der Barock. 2. Aufl. Frankfurt am Main: Suhrkamp Verlag, 1996.

DIECKMANN, FRIEDRICH: Die Geschichte Don Giovannis. Frankfurt am Main und Leipzig: Insel Verlag, 1991.

FOUCAULT, MICHEL: Die Heterotopien. Les héterotopies. Der utopische Körper. Le corps utopique. Zwei Radiovorträge. Zweisprachige Ausgabe. Übersetzt von Michael Bischoff. Frankfurt am Main: Suhrkamp Verlag, 2005.

GOETHE, JOHANN WOLFGANG: Torquato Tasso. Studienausgabe. Stuttgart: Philipp Reclam jun. GmbH & Co., 2013.

GLÖTZNER, JOHANNES: Onuphrius. Patron der Stadt München und der Hermaphroditen. München: Edition Enhuber, 2008.

HARRISON, ROBERT: Die Herrschaft des Todes. München Wien: Carl Hanser Verlag, 2006.

HOGARTH, WILLIAM: Die Analyse der Schönheit. Aus dem Englischen von Jörg Heininger. Mit einem Nachwort von Peter Bexte. Dresden: Verlag der Kunst, 2002.

HOHENHEIM, THEOPHRAST VON: Das Buch von den Nymphen, Sylphen, Pygmaeen, Salamandern und den übrigen Geistern. 2. Aufl. Marburg an der Lahn: Basilisken Presse, 2003.

HORST, EBERHARD: Hildegard von Bingen. München: Ullstein Taschenbuchverlag, 2002.

JOYCE, JAMES: Finnegans Wake. With an introduction by Seamus Deane. 2. Auflage. London: Penguin Books, 2000.

KIERKEGAARD, SØREN: Entweder – Oder. Teil I und II. 11. Aufl. München: Deutscher Taschenbuch Verlag GmbH & Co. KG, 2012.

MELVILLE, HERMAN: Moby Dick oder: Der Wal. Übersetzt von Friedhelm Rathjen. Salzburg und Wien: Jung und Jung, 2016.

MOZART, WOLFGANG AMADEUS: Die Bäsle-Briefe. Herausgegeben von Juliane Vogel. Stuttgart: Philipp Reclam jun. GmbH & Co., 1993.

MÜRY, ANDREAS: Jedermann darf nicht sterben. Geschichte eines Salzburger Kults. Salzburg: Verlag Anton Pustet, 2014.

MURARO, LUISA: Der Gott der Frauen. Berlin: Frank & Timme GmbH, 2009.

NIETZSCHE, FRIEDRICH: Die Geburt der Tragödie, Stuttgart: Philipp Reclam jun. GmbH & Co., 1993.

PARACELSUS: Arzt und Gottessucher an der Zeitenwende. Eine Auswahl aus seinem Werk von Jolande Jacobi. Mit einer Einführung von Gerhard Wehr. 2. Auflage. Olten: Walter-Verlag, 1991.

RILKE, RAINER MARIA: Duineser Elegien. Sonette an Orpheus. Frankfurt am Main: Suhrkamp Verlag, 1975.

SAFRANSKI, RÜDIGER: Schiller oder die Erfindung des deutschen Idealismus. Frankfurt am Main: FISCHER Taschenbuch, 2016.

SCHILLER, FRIEDRICH: Philosophische Schriften und Dichtungen. Mit einer Einführung in Schillers Gedankenwelt von Carl Enders. Berlin: Deutsche Bibliothek, o.J.

SCHMIDT, ARNO: Dialoge 2. (II/2.2) Die Bargfelder Ausgabe. Eine Edition der Arno Schmidt Stiftung im Haffmans Verlag. Bargfeld: Arno Schmidt Stiftung, 1990.

THONHAUSER, MONIKA: Textile Landschaft Salzburg. Spitzenhafter Luxus und tägliches Brot 1600 – 1800. Salzburg: TAURISKA VERLAG, 2017.

WARBURG, ABY: Schlangenritual. Ein Reisebericht. Mit einem Nachwort von Ulrich Raulff. Berlin, Verlag Klaus Wagenbach, 1988.

WINKLER, HANS; LANTHALER, KURT; HANNI MARTIN (HG.): Franz Held. Vordadaistische Texte aus Jenesien, Bozen: Edition Rætia, 2012.

WITTMANN, BRIGITTE (HG.): Don Juan. Darstellung und Deutung. Darmstadt: Wissenschaftliche Buchgesellschaft, 1976.

15. EUROPÄISCHE KULTURTAGE 2000, KunstStück Zukunft: Herausforderung Tier. Von Beuys bis Kabakov. München London New York: Prestel Verlag, 2000.

Impressum

Bibliografische Information der Deutschen Nationalbibliothek
Die Deutsche Nationalbibliothek verzeichnet diese Publikation in der Deutschen Nationalbibliografie; detaillierte bibliografische Daten sind im Internet über http://dnb.d-nb.de abrufbar.

© 2024 Verlag Anton Pustet
5020 Salzburg, Bergstraße 12
Sämtliche Rechte vorbehalten.

Lektorat: Michaela Schachner
Produktion: Nadine Kaschnig-Löbel

Gestaltung, Illustration und Fotografie:
fokus visuelle kommunikation: Annette Rollny und Bernhard Müller

Druck: GRASPO

ISBN 978-3-7025-1123-4
www.pustet.at

Wir bemühen uns bei jedem unserer Bücher um eine ressourcenschonende Produktion. Alle unsere Titel werden in Österreich und seinen Nachbarländern gedruckt. Um umweltschädliche Verpackungen zu vermeiden, werden unsere Bücher nicht mehr einzeln in Folie eingeschweißt. Es ist uns ein Anliegen, einen nachhaltigen Beitrag zum Klima- und Umweltschutz zu leisten.

Ausflüge in die Natur, Interessantes aus Kunst, Kultur und Geschichte, Inspiration und Genuss für Ihr Zuhause – entdecken Sie die Vielfalt unseres Programms auf www.pustet.at
Wir versorgen Sie gern mit allen Informationen zu Buch-Angeboten, Gewinnspielen und Veranstaltungen:
Newsletter: https://pustet.at/de/kontakt/newsletter.html
Facebook und Instagram: verlagantonpustet

- Oval (Kollegienkirche + Dreifaltigkeitskirche)

Fidele v. Glauben
+ Altes in Franziskus
Kirche
oben

Ellipse/Oval
Bewegung, Spirale, Sonnenstrahlen (JN)

- Zwerge (v. Thun, FEB)
+ Tiere im Mirabellgarten
Einhorn, Pegasus, Löwen, Adler

Barock als Fest + Freiheit (auch JN
als Strenge + Bewegung (Kultur)
als Angebot v. Weltl. Fülle gegen die
Aufkeimen
... wenn man weiß, das

Koexistenz [...]
wie in Cordoba, wo innerhalb
der Religion. Nebeneinander,
ohne zu verstören.
Romanik - Gotik - Barock
Sinn: Räumen für die Kirche
preis, damit Schönheit nicht
verstört. Vom Islam
lernen, Religiös verständig
(auch innerhalb d. Religion
siehe auch E. Stein

[sketch]

Ontologie: Sich im Akt der
Weltbeobachtung selbst beobachten
Beobachter z. [...]